KB266551

인생의 끝을 디자인하다

인생의 끝을 디자인하다

ⓒ 가재산·김영희·유중희, 2026

1판 1쇄 인쇄__2026년 3월 20일
1판 1쇄 발행__2026년 3월 30일

지은이__가재산·김영희·유중희

펴낸이__홍정표

펴낸곳__글로벌콘텐츠
　　　　등록__제25100-2008-000024호

공급처__(주)글로벌콘텐츠출판그룹
　　　　대표__홍정표　이사__김미미　편집__백찬미 남혜인 권군오　디자인__가보경　기획·마케팅__홍민지
　　　　주소__서울특별시 강동구 풍성로 87-6 전화__02-488-3280 팩스__02-488-3281
　　　　홈페이지__www.gcbook.co.kr 메일__edit@gcbook.co.kr

값 18,000원
ISBN 979-11-5852-631-3 03330

가재산·김영희·유중희 지음

인생의 끝을 디자인하다

글로벌콘텐츠

세상에서
가장 아름다운 이별을 준비하며

풍수지리학의 대가였던 김정인 교수님의 출판기념회에 참석했습니다. 50여 명의 축하객으로 가득 찬 기념회장에서 환하게 웃으시던 교수님의 모습이 아직도 선명합니다. 이듬해인 2024년 73세였던 김 교수님이 뇌졸중으로 갑작스럽게 세상을 떠나고서야 깨달았습니다. 그날의 출판기념회가 결과적으로는 김 교수님의 '생전 장례식'이자 '엔딩 파티'였던 것입니다.

병상에서도 "출판기념회에 와주셨던 분들이 거의 다 병문안을 와줘서 외롭지 않았다"라며 행복해하시던 김 교수님의 모습이 생생합니다. 우측 뇌와 말하는 기능이 살아있어 다행이라며 병문안 간 저희를 오히려 안심시키셨죠. AI책쓰기코칭협회가 주관한 AI교육에서 배운 음성을 텍스트로 바꾸는 기술을 활용해 글도 쓰고 앞으로도 책을 더 쓸 수 있다며, 희망찬 미소로 고마움을 전하셨습니다. 교수님의 그런 모습을 보고 난 후 깨달음이 컸습니다. 그동안 미뤘던 이 책을 완성하게 된 직접적인 계기였습니다.

이제는 말씀드려야 할 것 같습니다. '살아서 하는 한국형 생전

장례식'은 단순히 죽음을 앞둔 이들을 위한 의식이 아닙니다. 살아있는 사람 모두를 위한 것입니다. 서로를 향한 감사와 사랑을 나누는 시간이자 남은 삶을 더욱 의미 있게 만드는 특별한 기회일 것입니다.

또한 코로나19로 돌아가신 또 다른 지인의 장례식에 참석하지 못했던 그날의 안타까움도 함께 떠오릅니다. 평생 정을 나누었던 분을 마지막으로 배웅하지 못한다는 것이 얼마나 가슴 아픈 일인지 그때 처음 알았습니다. 문득 이런 생각이 들었습니다. '왜 죽음을 두려워하고 서로를 떠나보내는 마지막 순간까지 슬픔과 아쉬움 속에서 보내야 할까? 왜 살아생전에 서로의 소중함을 나누거나 감사함을 표현하지 못할까?'

죽음은 당하는 것이 아니라 맞이하는 것입니다. 100세 시대에 죽음은 더 이상 금기어가 아닙니다. 의학의 발달로 인간의 수명은 크게 연장되었고 많은 이가 80세, 90세를 넘어 건강하게 살아가고 있습니다. 역설적이게도 늘어난 수명만큼 죽음에 관해 더 많이 고민하게 되었습니다.

이 책에서 제안하는 '한국형韓國型 생전 장례식'인 '미리하는 장례식'은 단순한 장례식의 새로운 형태가 아닙니다. 이 책 본문의 사례에 소개했듯이 우리나라도 이제 많은 사람들이 관심을 갖고 실천하고 있습니다. 얼마 전에 연극배우 박정자 씨가 생전 장례식에 150명을 초대해 화제가 되기도 했습니다.

자신의 삶을 정리하는 자서전을 쓰고 출판기념회를 통해 삶을 되돌아보며 가족과 친지, 고마웠던 주변 사람들과 마음을 나누자는 특별한 제안입니다. 그동안 미처 전하지 못했던 마음을 함께 나누며 마지막이 아니라 새로운 시작을 선언하는 축제의 장입니다.

AI 시대는 새로운 기회를 제공합니다. 스마트폰과 AI 기술을 활용한 자서전 쓰기는 더 이상 어려운 일이 아닙니다. 말로만 해도, 찍기만 해도 글이 되기 때문입니다. 더구나 GPT와 같은 인공지능의 도움을 받아 이야기를 쉬운 방법으로 더욱 풍성하게 기록할 수 있게 되었습니다. 컴맹, 폰맹인 시니어 여러분도 걱정하지 마세요. 이 책은 70세든 80세든 누구나 자신만의 책을 완

성할 수 있는 구체적이고 실용적인 방법을 제시합니다. 이 책에 안내한 7단계 가이드를 따라가기만 하면 혼자서도 멋진 자서전을 완성할 수 있습니다.

베이비부머 세대는 한국의 격동기를 겪으며 산업화와 민주화를 동시에 이룩한 주역입니다. 단순한 개인사가 아닌 대한민국의 살아있는 역사입니다. 소중한 이야기를 생생한 한 권의 자서전으로 남기는 것은 자아실현의 한 방편이기도 하지만 후세대에게 전하는 값진 유산이 될 것입니다. 이 책을 통해 의미 있는 삶을 살아가고 마지막 순간까지도 품위 있게 준비할 수 있기를 바랍니다.

죽음은 끝이 아닌 새로운 시작입니다. 죽음을 당하기보다 맞이하는 자세, 미리하는 장례식이 단순한 이별의 자리가 아닌 삶을 축복하고 감사하는 축제의 자리가 되기를 희망합니다.

봄이 달려오는 소리를 들으며

1장

삶과 죽음에 대하여

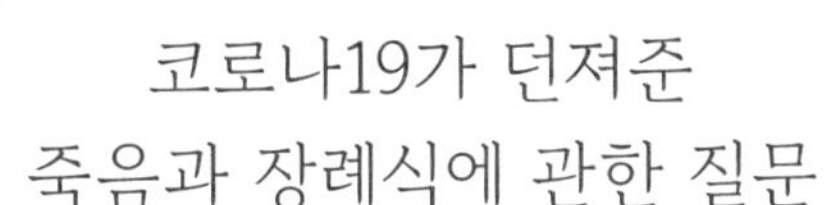

코로나19가 던져준
죽음과 장례식에 관한 질문

확진자 동선과 겹쳤다는 이유로 자가격리 대상이 되었기에 평생 정을 나누었던 분을 마지막으로 배웅하지 못했다. 코로나19 때의 일이다. 얼마나 서운하던지 그때 처음 알았다. 화상으로나마 조문을 드리려 했지만 가족들도 확진되어 장례식장조차 텅 비어 있었다. 그 순간 깨달았다. 코로나19는 단순한 전염병이 아니라 죽음과 이별에 대한 관념 자체를 뒤흔드는 전환점이었다.

인류 역사에서 전염병은 삶과 죽음에 대한 인식을 변화시켜왔다. 14세기 유럽의 흑사병이 인구의 3분의 1을 죽음으로 몰아넣으면서 중세를 종료시키고 르네상스의 문을 열었다. 코로나19 역시 장례 문화를 근본적으로 바꾸어놓았다.

코로나19는 장례 문화의 핵심에 도전장을 내밀었다. 가족조차 고인의 얼굴을 제대로 보지 못한 채 이별해야 하는 비극이 발생했다. 부모가 돌아가셨는데도 자녀들이 확진되어 장례식장에 가지 못하는 상황까지 벌어졌다. 감염 예방을 위해 화장만 진행하는 간소화된 장례가 일반화되었고 이러한 변화는 기존 장례 문화를 바꾸는 계기가 되었다.

과거에는 상주의 가까운 지인들이 밤새 상주 곁을 지키며 슬픔을 위로하는 것이 예의였다. 고스톱을 치고 술도 마시며 철야를 하는 일이 오히려 상주를 위한 최고의 예로 여겨지기도 했다. 코로나19로 인해 같은 공간에 여러 사람이 머무는 것 자체가 위험해지면서 밤 10시 이전에 조문을 마치는 것이 새로운 문화가 되었다.

흥미로운 점은 변화의 씨앗이 코로나19 이전부터 싹트고 있었다는 사실이다. 장례업계는 이미 친족만 참여하는 가족장이나 1일장 같은 소규모 장례의 선호도가 증가하고 있었다. 코로나19는 이런 변화의 속도를 가속화시키는 방아쇠 역할을 했을 뿐이다. 전문가들은 이런 흐름이 코로나 종식 후에도 예전으로 돌아가지 않을 것으로 예측했다.

디지털 기술은 변화의 중심에 있다. 디지털 부고장, 온라인 조문, 심지어 디지털 추모관까지 장례 문화는 빠르게 디지털화되고 있다. 인터넷을 통한 장례 중개업, 'DIY 자장自葬 플랜' 같은 새로운 서비스는 기존 장례의 낭비 요소를 제거하고 투명하고 저렴한 비용의 장례를 가능하게 한다.

이런 변화 속에서 죽음에 대한 관점도 재고하게 되었다. 죽음을 '당하는' 것으로 표현해 왔다. 노희경 작가의 〈세상에서 가장 아름다운 이별〉에 등장하는 암 말기 진단을 받은 엄마 역할을 한 배우 배종옥처럼 죽음을 자연의 순리로 '맞이하는' 자세가 더욱 의미 있게 다가온다. 영화 속 엄마는 자신의 죽음을 꽃잎이 피고 자라고 지는 자연스러운 과정으로 받아들이며 치매에 걸린 시어머니, 순박한 남편, 그리고 자녀들과의 이별을 아프지만 무심코 불어오는 바람처럼 맞이한다.

"잎이 피고 꽃잎이 제 색깔과 크기를 찾아가다 이내 그 꽃잎이 지고 만다." 이별은 갑작스럽게 찾아오고 미리 준비하지 못했기에 더욱 서럽게 느껴진다. 중요한 것은 이별을 어떻게 준비하고 맞이하느냐이다. 더 잘해 줄걸 하는 후회 대신 살아있는 동안 충분히 사랑하고 감사를 표현하며 꽃잎이 자연스럽게 날아가듯 세상에서 가장 아름다운 이별을 준비하는 자세가 필요하다.

코로나19가 던진 질문은 명확하다. 죽음을 두려움의 대상이 아닌 삶의 자연스러운 마무리로 바라볼 수 있을까? 이별을 슬픔만이 아닌 감사와 축복의 시간으로 만들 수 있을까? 이제 더 의미 있는 삶과 존엄한 죽음을 준비해야 한다. 현대 사회에서 죽음은 더 이상 금기시되거나 외면할 주제가 아니다. 삶의 소중한 일부로 받아들이는 성숙한 문화가 형성되고 있다. 변화하는 장례 방식을 넘어 삶과 죽음 그리고 인간관계에 대한 근본적인 질문을 던진다.

멈추어 서서 뒤돌아보니

책장에 묵혀둔 일본 작가 소노 아야코의 『계로록戒老錄』을 다시 펼쳐보았다. 40세에 노년을 준비하며 쓴 이 책을 처음 읽었을 때는 죽음에 대해 '너무 이르지 않나' 싶었다. 코로나19를 겪고 나니 예언처럼 다가온다. "재미있는 인생을 보냈으니 나는 언제 죽어도 괜찮다고 생각할 정도로 늘 심리적 결재를 해 둔다"라는 말이 절실하게 와 닿았다.

코로나19는 삶을 강제로 멈추게 했다. 멈춤의 시간 속에서 평소에 보지 못했던 것들이 보이기 시작했다. 특히 죽음과 이별에 관한 태도를 돌아보게 되었다. 박제된 의례로서의 장례가 아닌 진정한 의미의 이별과 애도란 무엇인지 생각하게 되었다.

가장 인상 깊었던 것은 소노 아야코의 말이었다. "여행은 많이 할수록 좋다. 여행지에서 죽는 한이 있더라도 어디서 죽든 마찬가지이다. 고향에서 죽는다 해서 무엇이 좋은가?" 코로나19로 인해 타지에서 외롭게 임종을 맞이한 이들이 많았다. 고향이나 가족 곁에서 죽지 못했다는 것이 슬픔을 더했지만 어디서 죽느냐보다 어떻게 살았느냐가 더 중요하다.

"유언장 등은 편안한 마음으로 미리 준비해 둔다. 사후에 유산을 둘러싸고 남은 가족들이 다투는 것보다 비참한 일은 없다." 이 말은 죽음 이후의 일까지 생각하는 책임 있는 삶의 태도를 강조한다. 코로나19로 갑작스럽게 세상을 떠난 이들 중에는 아무런 준비 없이 떠나 남은 가족들에게 혼란을 남긴 경우가 많았다. 생전에 자신의 뜻을 명확히 하고 남은 이들을 위한 배려와 정리가 얼마나 중요한지를 깨닫게 된 시간이었다.

생활의 외로움은 아무도 해결해 줄 수 없다는 통찰도 예언적이었다. 코로나19로 인한 사회적 거리두기는 많은 이에게 극심한 고립감을 안겨주었다. 이 시간은 역설적으로 혼자서 즐기는 습관을 길러야 한다는 조언이 얼마나 현명한지를 보여주었다. 외부 환경에 의존하지 않고 내면의 풍요로움을 키우는 것의 중요성이 더욱 부각되었다.

노인들은 새로운 기계사용법을 적극적으로 익혀야 한다는 조언은 코로나19 이후 생존의 문제가 되었다. 비대면 장례식, 온라인 추모공간 등 장례 문화조차 디지털화되는 시대에 기술에 적응하지 못하면 고립은 더욱 심화된다. 소노 아야코가 40세에 내다본 미래가 현실이 된 것이다.

무엇보다 "노년의 가장 멋진 일은 사람들과의 화해이다"라는 말이 가슴에 남는다. 코로나19는 많은 이에게 미루어둔 화해와 용서, 감사의 표현이 얼마나 중요한지 일깨웠다. 갑작스러운 이별 앞에서 후회하지 않기 위해 살아있는 지금 관계를 회복하고 소중한 이들에게 마음을 전하는 것의 가치가 재조명되었다.

"행복한 일생도 불행한 일생도 일장춘몽이다." 모든 것이 덧없다는 무상함을 일깨운다. 코로나19를 겪으며 불확실성과 덧없음을 체감했다. 덧없음 속에서도 의미를 찾고 지금 이 순간을 충실히 살아가는 것만이 최선임을 깨달았다.

코로나19가 던진 가장 큰 질문은 어떻게 살 것인가와 어떻게 죽을 것인가에 관한 물음이었다. 소노 아야코의 통찰은 이 질문에 대한 하나의 답변을 제시한다. 삶을 사랑하되 죽음을 두려워하지 않는다. 순간을 소중히 여기되 영원한 것은 없음을 받아들인다. 혼자 있는 시간을 즐기되 관계의 소중함을 잊지 않는 균형 잡힌 삶의 태도가 그것이다.

멈추어 서서 뒤돌아보니 코로나19는 잔인한 시련이었지만 동시에 잊고 있던 삶의 본질을 되돌아보게 한 소중한 계기였음을 깨닫는다. 이제 『계로록』을 책상 위에 놓아둔다. 언제든 펼쳐볼 수 있도록.

당하는 죽음이 아니라 맞이하는 죽음

'제 아버님께서 별세하셨습니다'라는 부고 카톡을 지인으로부터 받았다. '사망했다'가 아닌 '별세했다'라는 표현을 왜 사용할까? 죽음을 부정적인 것으로만 생각하기 때문에 완곡하게 표현하는 것이 아닐까. 죽음을 '당한다'고 표현하는 것도 죽음을 불의의 사고처럼 예상치 못한 재앙처럼 바라보는 시각을 반영한다.

코로나19가 던진 가장 큰 질문 중 하나는 죽음을 어떻게 '맞이할' 것인가였다. 2020년 한 해 동안 30만 5,100명이 세상을 떠났다. 갑작스럽게 사랑하는 사람들과 이별해야 했다. 감염 위험 때문에 적절한 장례조차 치르지 못하고 때로는 마지막 작별 인사조차 나누지 못했다. 준비되지 않은 죽음이 얼마나 큰 상처를 남기는지 뼈저리게 체험했다.

하버드 의대 교수이자 호스피스 의사인 아툴 가완디는 『어떻게 죽을 것인가』에서 현대 의학은 죽음을 질병처럼 치료하려 하지만 죽음은 치료할 수 없는 삶의 자연스러운 부분이라고 말한다. 이 책은 전 세계적으로 400만 부 이상 판매되며 죽음에 대한 사회적 담론을 바꾸어놓았다. 아툴 가완디는 죽음을 삶의 실패로 여기는 관점에서 벗어나야 한다고 강조한다.

호주의 호스피스 간호사 브로니 웨어가 기록한 임종 환자들의 후회도 인상 깊다. 호스피스 간호사는 『내가 원하는 삶을 살았더라면』에서 임종을 앞둔 사람들이 가장 많이 후회하는 것을 소개했다. 그들은 다른 사람의 기대에 맞추려 노력하기보다 진정한 자신의 삶을 살지 못한 것을 아쉬워했다. 일에 너무 많은 시간을 쏟느라 소중한 관계에 충분히 집중하지 못했음을, 자신의 감정을 솔직하게 표현하지 못했던 순간들을, 친구들과의 관계를 소홀히 했던 시간들을 후회했다.

불교에서는 매일 '오늘이 내 생의 마지막 날일 수 있다'는 명상을 권장한다. 스티브 잡스도 2005년 스탠포드대학 졸업식에서 "죽음은 삶의 가장 훌륭한 발명품이다. 죽음은 변화의 주체다”라고 말했다. 스티브 잡스는 췌장암 진단을 받은 후 자신의 유한한 삶을 인식함으로써 더 의미 있는 선택을 할 수 있었다고 고백했다.

'맞이하는 죽음'이란 죽음을 삶의 연장선으로 바라보는 관점이다. 자신의 죽음을 준비하고 마지막 순간까지 존엄하게 살아가며 남은 이들과의 관계를 정리하는 과정이다. 단순히 죽음을 수동적으로 기다리는 것이 아니라 죽음이라는 자연스러운 과정을 삶의 일부로 통합하는 적극적인 자세를 의미한다.

우리나라의 웰다잉 문화는 아직 초기 단계지만 변화의 조짐이 보인다. 코로나19를 계기로 '사전연명의료의향서'에 대한 관심이 급증하여 2025년 8월에는 300만 명을 넘어섰고 현재도 계속 증가하고 있다. 나도 2024년에 가까운 보건소를 찾아 상담사와의 1대1 상담을 통해 작성했다. 2018년 2월 4일부터 시행된 연명의료결정법에 따라 자신의 죽음을 맞이하는 방식에 대해 스스로 결정하고자 하는 움직임이다. '디지털 유언'이나 '생전 장례식'과 같은 새로운 형태의 죽음 준비도 등장하고 있다.

'당하는 죽음'이 아닌 '맞이하는 죽음'으로의 전환은 삶과 죽음에 대한 인식 전환을 요구한다. 죽음을 삶의 실패나 패배로 여기는 대신 자연스러운 생명의 순환으로 바라볼 때 삶의 유한함 속에서도 더 풍요롭고 의미 있는 순간들을 만들어갈 수 있다.

코로나19가 던진 질문은 단순히 '어떻게 죽을 것인가'가 아니라 '어떻게 살 것인가'에 관한 것이다. 죽음을 인식하고 받아들

임으로써 삶의 우선순위를 재정립하고 매 순간을 더 의미 있게
살아갈 수 있다. 이것이 바로 '당하는 죽음'이 아닌 '맞이하는 죽
음'이 가르쳐 주는 삶의 지혜이다.

기존 장례식에 대한 허와 실

　장례식장을 찾은 조문객 대부분은 고인에 대한 추모나 존경하
는 마음 없이 형식적인 조문에 그치곤 한다.

　장례식은 오랫동안 삶과 죽음의 경계에서 중요한 의례로 자리
해 왔다. 본질적 의미가 종종 왜곡되어 온 것도 사실이다. 한국
의 장례 문화를 들여다보며 망자를 추모하는 자리라기보다 살
아있는 사람들의 사교의 장으로 변질된 측면이 크다.

　장례식장 앞 주차장은 늘 붐빈다. 조문객들은 고인보다는 유
족과의 관계를 먼저 생각한다. '누가 왔는지', '얼마나 많은 조문
객이 방문했는지'가 중요시되는 풍토는 장례식이 망자를 위한
것이 아닌 유족의 체면이나 사회적 위치를 확인하는 공간임을
보여준다. 거창한 장례식과 화환으로 가득 찬 빈소는 고인의 사
회적 위치나 인맥을 과시하는 수단이 되기 일쑤다.

　냉정히 생각해 보자. 아무리 성대한 장례식이라 해도 정작 고
인은 그 자리에 없다. 망자 입장에서는 누가 왔는지, 얼마나 많
은 사람이 애도했는지 알 길이 없다. 가장 보고 싶고 사랑했던

사람이 찾아온들 관 속에서 벌떡 일어나 반갑게 맞이할 수도 없는 일 아닌가.

더 큰 문제는 허례허식과 경제적 부담이다. 최근 조사에 따르면 일반적으로 장례식을 치르는 데 최소 1,000만 원에서 최대 2,500만 원의 비용이 소요된다고 한다. 한국소비자원의 조사 결과 매장의 경우 평균 1,652만 원, 화장 후 납골당 이용 시에는 1,198만 원이 드는 것으로 나타났다. 이는 대부분의 가정에게 상당한 경제적 부담이다. 실제로 10명 중 7명이 이러한 장례비 지출에 대해 경제적 부담을 느끼고 있다고 조사됐다.

장례식장의 상업화도 문제다. 형식에 치우친 조문 절차, 필요 이상의 고가 장례용품, 과도한 음식 준비는 고인을 떠나보내는 진정한 슬픔과 애도보다는 형식적인 절차와 비용에 더 많은 관심이 쏠리게 만든다. 때로는 장례식 준비하느라 정작 고인과 마지막 시간을 보내지 못하는 아이러니한 상황도 벌어진다.

이런 현실 속에서 새로운 바람이 불고 있다. 기존 장례 문화에 대한 성찰이 깊어지면서 '살아서 치르는 장례식'에 대한 관심이 높아지고 있는 것이다. 변화는 이미 숫자로 드러나고 있다. 빈소를 차리지 않는 무빈소 장례, 전통 염습을 생략하는 무염습, 정해진 틀을 따르지 않는 무형식, 이른바 '3무(無) 장례'가 새로운 흐름으로 자리 잡고 있다.

2020년 이전까지 1% 안팎에 불과했던 무빈소 장례는 2025년 기준 전체 장례의 15~20%까지 늘었다. 지방 일부 장례식장에서는 이 비율이 40~50%에 달한다. 코로나19가 방아쇠를 당겼지만 원인은 복합적이다. 1인 가구 증가, 가족·친족 관계망의 느슨해짐, 그리고 무엇보다 비용이다. 무빈소 장례는 200만~300만 원대로도 치를 수 있어 기존 평균 비용의 5분의 1 수준이다.

혼자 사시던 아버지를 떠나보낸 한 자녀는 "형제들끼리 상의해 하루 장례로 간소하게 진행했더니 비용이 절반 이하로 줄었다"라고 말했다. 무엇보다 주목할 변화는 의식의 전환이다. 북적이는 조문객을 응대하느라 정작 고인과 제대로 작별하지 못하는 역설을 많은 이들이 깨닫기 시작한 것이다.

값비싼 삼베 수의 대신 생전에도 입을 수 있는 한복을 준비하고, 3일장을 이틀로 줄이거나 종교 의례 대신 고인이 좋아하던 음악을 트는 방식도 퍼지고 있다. 전문가들은 MZ세대가 본격적으로 상주가 되는 2030년에는 이 변화의 속도가 훨씬 빨라질 것으로 내다본다.

2025년 5월 25일 박정자 배우의 사례를 주목할 만하다. 83세의 배우는 150여 명의 지인에게 '부고: 박정자의 마지막 커튼콜'이라는 파격적인 초대장을 보냈다. "오늘 여든세 살 나의 장례식에 당신을 초대합니다. 장례식은 엄숙해야 한다고 누가 정했을까요"라는 그녀의 말은 현대 장례식의 고정관념에 대한 날카로운 도전이었다.

박 배우의 생전 장례식은 전통적 장례식의 형식을 과감히 탈

피했다. 강릉 순포해변에서 영화 촬영과 함께 진행된 이 특별한 의식에서 "꽃 대신 기억을 들고 오세요. 마지막으로 들었던 나의 목소리를, 내가 좋아했던 대사를, 오래된 이야기와 가벼운 농담을, 함께 웃었던 순간을 안고 오세요"라고 당부했다. "누구도 안 한 짓거리"라며 유머를 잃지 않은 채 단순한 이별의 자리가 아닌, '작별이 아니라 쉼이며 끝이 아니라 막간'인 특별한 만남의 장을 만들어냈다.

코로나19 이후 장례 문화에도 강제적 변화를 가져왔다. 화려한 외양보다는 진정한 작별과 감사에 집중할 수 있게 된 것이다.

생전 장례식은 죽음을 준비하는 방식에도 변화를 가져온다. 전통적인 장례식이 죽음 이후의 의례라면 생전 장례식은 죽음을 직면하고 남은 삶을 더욱 의미 있게 살아가기 위한 전환점이 될 수 있다. 박정자 배우가 "얼굴을 비추지 않아도 존재하는 사람처럼 나의 무대는 아직 끝나지 않았습니다"라고 선언한 것처럼 말이다.

장례식이 단순히 사회적 관습이나 체면을 위한 것이 아닌 진정한 이별과 감사, 새로운 출발을 위한 의미 있는 의례로 변화할 때 삶과 죽음에 대한 인식도 함께 성숙해질 것이다. 죽음은 끝이 아닌 새로운 시작이라는 관점에서 보다 본질적이고 의미 있는 장례 문화를 만들어갈 수 있을 것이다.

결국 장례식은 죽은 자를 위한 것이 아니라 살아있는 자들을 위한 것이다. 그렇다면 살아있을 때 서로의 소중함을 나누고 감사를 표현하는 것이 더 의미 있지 않을까. 이것이 바로 새로운 장례 문화가 추구하는 방향이다.

죽음, 끝이 아닌 새로운 시작

코로나19를 겪으며 죽음이라는 단어를 자주 듣게 되었다. 뉴스에서는 매일 사망자 수가 발표되었고 주변에서도 갑작스럽게 세상을 떠나는 분들의 소식을 들었다. 예전에는 멀게만 느껴졌던 죽음이 갑자기 가까워진 기분이었다.

문득 이런 생각이 들었다. 왜 죽음을 이렇게 두려워할까? 태어남은 축하하면서 죽음은 왜 슬픔으로만 받아들일까?

스위스 출신의 정신과 의사 엘리자베스 퀴블러 로스는 흥미로운 비유를 했다. 의사는 인간의 몸을 나비의 고치에 비유했다. 애벌레가 고치 안에서 자라다가 때가 되면 아름다운 나비로 날아오르듯이 몸이라는 고치에서 벗어날 때 영혼이 자유로워진다고 본 것이다. 이렇게 생각하면 죽음이 끝이 아니라 새로운 시작처럼 느껴진다.

중국의 철학자 장자도 비슷한 생각을 했다. 아내가 세상을 떠났을 때 친구들이 슬퍼하는 장자를 위로하러 갔는데 놀랍게도 북을 치며 노래를 부르고 있었다. 친구들이 "아내가 죽었는데 어떻게 노래를 부를 수 있느냐"라고 따졌더니, 장자는 이렇게 대답했다.

"처음에는 나도 슬펐다. 하지만 생각해 보니 죽음도 봄 여름 가을 겨울의 순환과 같다. 봄에 새싹이 돋고, 여름에 무성해지고, 가을에 열매를 맺고, 겨울에 잠드는 것처럼 사람도 태어나고 자라고 늙고 죽는 것이 자연스러운 일이다."

이 말을 들으니 마음이 조금 편해졌다. 계절의 변화를 자연스럽게 받아들이듯이 삶과 죽음도 자연의 순리로 받아들일 수 있지 않을까?

요즘 병원에는 호스피스 병동이 있다. 여기서는 환자를 무작정 살리려고 하지 않는다. 마지막 시간을 의미 있고 편안하게 보낼 수 있도록 돕는다. 고통을 줄여주고 가족들과 충분한 시간을 보내도록 배려한다. 이런 접근 방식을 보면서 죽음을 대하는 태도가 조금씩 바뀌고 있음을 느낀다.

호주의 간호사 브로니 웨어는 임종을 앞둔 환자들에게 가장 후회하는 것이 무엇인지 물어봤다. 놀랍게도 많은 사람이 다른 사람 눈치 보느라 내가 진짜 하고 싶었던 일을 하지 못한 것을 후회한다고 했다.

이야기를 듣고 나서 생각했다. 죽음은 언젠가 모든 사람에게 찾아온다. 그 사실을 받아들이고 지금 이 순간을 더 소중히 여기는 것이 낫지 않을까? 죽음을 생각한다고 해서 우울해질 필요는 없다. 오히려 한정된 시간이기에 더 의미 있게 살려고 노력하게 된다.

코로나19는 많은 것을 가르쳐 주었다. 평범한 일상이 얼마나 소중한지, 사랑하는 사람들과 함께하는 시간이 얼마나 값진지 깨닫게 해줬다. 마스크를 쓰고 거리를 두며 살면서도 더 깊이 서로를 생각하게 되었다.

죽음을 생각한다는 것은 결국 '어떻게 살 것인가'를 생각하는 것과 같다. 나비가 고치에서 벗어나듯이 계절이 자연스럽게 바뀌듯이 죽음도 삶의 자연스러운 과정으로 받아들일 수 있다면 더 평온하고 의미 있는 삶을 살 수 있을 것이다.

죽음에 이르는 5계단

오래 전 아버지가 암 진단을 받았을 때 우리 가족은 어떻게 반응해야 할지 몰랐디. 갑작스러운 소식에 온 집안이 술렁였고 각자 다른 방식으로 그 충격을 받아들였다. 그때는 몰랐지만 감정의 변화에는 일정한 패턴이 있었다.

현대 죽음학의 어머니로 불리는 엘리자베스 퀴블러 로스는 1969년 『죽음과 임종에 관하여』라는 책에서 죽음을 앞둔 사람들이 겪는 5단계를 제시했다. 처음에는 의료진을 위한 연구였지만 지금은 중요한 사람을 잃은 가족들에게도 큰 도움이 되고 있다.

첫 번째 단계는 '부정'이다. "이건 잘못된 진단이야", "다른 병원에 가보자"라고 말하며 현실을 받아들이지 않으려 한다. 아버지도 처음에는 "의사가 잘못 봤을 거야"라며 다른 병원을 전전했다. 이런 반응은 지극히 자연스럽다. 갑작스러운 충격으로부터 마음을 보호하려는 본능적 방어기제인 것이다.

두 번째는 '분노' 단계다. "왜 하필 나에게?", "이 세상은 불공평해"라며 화를 낸다. 의료진에게, 가족에게, 심지어 신에게까지 화를 내기도 한다. 아버지는 평생 담배와 술도 과하게 하지 않았는데 왜 당신이 암에 걸렸느냐며 억울해했다. 이때 주변 사람들은 환자의 분노를 개인적으로 받아들이지 말고 이해하려 노력해야 한다.

세 번째는 '협상' 단계다. "만약 내가 착하게 살면 병이 나을까요?", "1년만 더 살게 해주세요"라며 신이나 운명과 거래를 시도한다. 아버지는 갑자기 교회에 다니기 시작했고 평소 안 하던 기부도 했다. 퀴블러 로스는 이 시기를 '마지막 희망에 매달리는 시간'이라고 표현했다.

네 번째는 '우울' 단계다. 현실을 어느 정도 받아들이면서 깊은 슬픔에 빠진다. "모든 게 의미없어", "가족들한테 짐만 되는 것 같아"라며 우울해한다. 이 시기에는 무리하게 위로하려 하지 말고 그냥 곁에 있어주는 것이 좋다. 슬픔을 충분히 표현할 수 있도록 도와주는 것이 중요하다.

마지막은 '수용' 단계다. 죽음을 평온하게 받아들이게 된다. "이제 괜찮다", "고마웠다"라며 주변 사람들과 작별 인사를 한다. 아버지도 마지막 몇 달은 놀랍도록 평온했다. 가족들에게 감사 인사를 하고 못다 한 이야기들을 나누며 차분하게 준비했다.

퀴블러 로스는 5단계가 반드시 순서대로 나타나는 것은 아니라고 했다. 어떤 사람은 몇 단계를 건너뛰기도 하고 다시 이전 단계로 돌아가기도 한다. 중요한 것은 감정 변화가 모두 정상적이라는 점이다.

최근에는 이 이론이 죽음을 앞둔 환자뿐만 아니라 사랑하는 사람을 잃은 가족들에게도 적용된다고 본다. 실제로 우리 가족도 아버지의 투병 과정에서 비슷한 감정의 단계를 겪었다. 처음엔 믿을 수 없었고 화가 났고 기적을 바랐고 절망했다가 마침내 받아들이게 되었다.

코로나19를 겪으면서도 많은 사람이 갑작스러운 이별을 경험했다. 제대로 작별 인사도 못 하고 떠나보낸 아픔은 더욱 클 수밖에 없다. 이럴 때 퀴블러 로스의 5단계 이론은 복잡한 감정을 이해하는 데 도움이 된다.

죽음은 누구에게나 찾아온다. 과정에서 겪는 감정들도 자연스러운 것이다. 부정하고 화내고 협상하고 슬퍼하다가 결국 받아들이는 것, 이 모든 과정을 통해 죽음의 의미를 조금씩 이해하게 되고 남은 시간을 더 소중하게 여기게 된다.

아버지가 떠나신 지 수십 년이 지났다. 지금도 가끔 그립지만 마지막에 보여주신 평온함을 생각하면 마음이 조금 편해진다. 죽음을 앞두고도 담담했던 그 모습은 죽음이 끝이 아니라 또 다른 여행의 시작일 수도 있다는 생각을 하게 한다.

이면 세계의 따스한 동반자 '꼭두'

어린 시절 죽음은 종종 검은 그림자처럼 두려움의 대상이었다. 상엿집을 지날 때면 누군가가 등 뒤에서 잡아끄는 듯한 공포감에 줄달음질을 치곤 했다. 많은 이가 공유하는 추억일 것이다. 당시 죽음의 의미는 검은빛이었고 소멸하는 점이었다.

초등학교 시절 목사인 이모부의 장례식 집도를 따라간 경험은 죽음에 대한 첫 대면이었다. 상두꾼의 구슬픈 상여소리가 산과 들에 울려 퍼지고 하얀 무명천 바지저고리와 치마를 입은 상주들이 볏짚 가시관을 두르고 슬픔을 지팡이에 의지하며 걷는 모습은 강한 인상을 남겼다. 시신을 본 순간의 충격과 두려움은 오랫동안 기억에 남았다.

세월이 흘러 국립민속박물관과 제주 본태박물관에서 상여를 다시 마주했을 때는 더 이상 무서운 존재가 아니었다. 오히려 삶과 죽음을 연계하는 상여, 특히 망자를 추모하는 꼭두들의 다양한 형태를 보며 안도감마저 느꼈다. 상여의 꼭두 하나하나에 인생의 희로애락, 생로병사의 연원이 아로새겨져 있다는 사실은 새로운 발견이었다.

꼭두란 또 다른 여행길의 동반자로 전통적으로 상여를 장식하던 목조각이다. 명랑하고 밝은 색깔과 외형에서 묻어나는 해학이 인상적이다. 각각의 꼭두는 그 옛날 민중만큼이나 다양하고 특색 있는 모습을 하고 있다.

　대학로의 꼭두박물관에서는 김옥랑 관장이 전국 각처를 돌며 사십 년 전부터 수집한 2만여 점의 꼭두가 전시되어 있다. 오래전 그곳을 방문했던 기억도 새롭다. 관람하면서도 어떻게 그 많은 꼭두를 모았을까 하는 생각이 머무니 김 관장이 참 기이하고 담도 크다는 생각이 들었다.

　꼭두는 원색의 오방색과 지워지지 않는 색감으로 때로는 해학적으로 그려지거나 깎여져 있다. 이런 꼭두가 저승길을 편히 안내하는 중간 역할을 한다는 사실을 깨닫는 순간 죽음과 상여에 대한 궁금증이 실타래처럼 풀렸다. 어린 시절에 누군가 삶과 죽음에 관해 자연스럽게 이야기해 줬더라면 죽음이 그토록 막연한 두려움의 대상만은 아니었을 것이다.

실존철학자 하이데거가 말하길 "죽음은 인간에게 끊임없이 들려오는 배경음악"이라고 했다. 많은 심리학자나 철학자가 삶의 지혜를 가르치는 반면 죽음에 대해 가르치는 곳은 많지 않다. 죽음이 삶의 여정 중 한 부분이며 자연의 이치라면 유·초·중등 시절부터 교과목으로 지정해 배워 나가는 것이 필요하지 않을까? 죽음을 배운다는 것은 결국 현재의 내가 어떻게 잘 살 것인지를 고민하는 과정이기 때문이다.

이제 100세 시대에 접어들면서 웰다잉Welldying을 거론하는 것이 트렌드가 되었다. 평소 죽음을 외면하기보다 동반자로 여기며 현재를 잘 살다가 따스한 꼭두와 함께 또 다른 세계로 이동하는 절차로 바라보는 시각이 필요하다. 살아 있는 이 순간을 즐겁고 유쾌하며 뜻깊게 웰빙Wellbeing하는 것이 결국 잘 죽는 방법이 아닐까.

코로나19 시대를 거치며 죽음과 더 가까이 마주하게 되었다. 전통 문화 속에서 죽음을 따스하게 바라보는 지혜를 발견하는 것은 의미 있는 일이다. 꼭두라는 문화적 장치를 통해 죽음을 두려움이 아닌 삶의 자연스러운 연장선으로 바라보는 시각을 배울 수 있지 않을까.

죽음의 유쾌한 반란

양평 청란교회에서 송길원 목사를 처음 만났을 때 송 목사는 "장례식은 고인이 주인공이어야 합니다"라고 말했다. 하이패밀리 대표이자 목사인 그는 기존 장례 문화에 대한 '유쾌한 반란'을 이끌고 있다. 계란 모양의 작은 교회 안에서 펼쳐지는 그의 장례 혁명은 단순한 형식의 변화가 아니라 죽음을 바라보는 인식 자체의 전환이었다.

송 목사가 비판하는 현대 장례 문화의 문제는 뚜렷하다. 병원과 상조회사가 주도하는 표준화된 장례 절차에는 정작 고인의 삶과 애도가 끼어들 틈이 없다. "고인의 몸은 없고 영정 사진만 있는 제단에 조문객들은 국화를 올린다. 제단 위의 꽃은 얼마 뒤

내려오고, 다음 사람이 다시 들어 올린다. 고인 입장에서는 그야 말로 줬다 뺏었다 하는 셈"이라는 그의 말은 현재 장례 문화의 허상을 정확히 지적한다.

더 큰 문제는 의미를 알 수 없는 관행들이다. 송 목사는 '장례 를 망가뜨린 오적'으로 수의, 염습과 결박, 완장과 굴건, 국화꽃 과 조화, 그리고 이 모든 것을 모르는 무지를 꼽는다. 고인에게 평생 입지도 않던 중국산 삼베 수의를 수백만 원에 입히고, 미 라처럼 복잡하게 염습하며, 일제강점기 조선총독부 의례준칙의 잔재인 완장을 두르고, 일본 황실의 꽃인 국화로 장식하는 현실 을 송 목사는 날카롭게 비판한다.

청란교회의 장례식장은 이런 관행들과 완전히 다르다. 화려 한 제단 대신 고인의 사진과 추억의 물건들이 소박하게 진열되 어 있고, 국화 대신 고인이 좋아하던 꽃들로 장식한다. 평소 즐 겨 입던 옷을 그대로 입히는 것이 자연스럽다는 그의 철학이 공 간 곳곳에 스며있다.

송 목사가 제안하는 '작은 장례식 운동'은 고인의 생애가 요약 된 스토리텔링에 중점을 둔다. "죽음과 장례는 강렬한 엔딩 신 과 명대사로 기록되어야 합니다"라며 고인의 삶과 가치관을 반 영한 특별한 컨셉의 장례를 권장한다. 병원 장례식장의 상업화 된 틀에서 벗어나 교회, 성당, 절, 마을 회관 등에서 가족 단위로 작게 치르는 장례야말로 진정한 애도의 의미를 되찾는 길이라 는 것이다.

송 목사의 철학이 단순한 이론이 아님을 보여주는 사례들이 있다. 아일랜드에서 있었던 셰이 브레들리의 장례식은 고인이 미리 녹음해 둔 유쾌한 목소리가 재생되며 조문객들에게 웃음을 선사했다. 그의 딸은 "우리가 가장 슬퍼할 날에도 웃음을 주는 것, 그게 아버지의 마지막 소원이었어요"라고 말했다. 2006년 백남준의 뉴욕 장례식도 위트와 농담으로 가득했다. "남준, 나한테 빌려간 200달러 기억하지? 그냥 잊어버리게"와 같은 유머러스한 추모사로 웃음이 넘치는 장례식이 되었다.

송 목사는 '생전 장례식'의 가치도 강조한다. 살아 있을 때 그리운 사람들과 함께 웃고 지내는 시간이야말로 죽은 뒤의 형식적인 장례보다 더 가치 있다고 했다. 송 목사가 인용하는 한 친구의 밀처럼 "죽은 뒤에는 다 부질없는 일이야. 죽기 전 그리운 사람들과 함께 웃고 지내는 시간이 더 값지지 않겠어?"라는 통찰이 생전 장례식의 본질을 보여준다.

무엇보다 송 목사가 강조하는 것은 죽음과 삶을 분리하지 않는 통합적 시각이다. "장례는 ENDing이 아닌 ANDing"이라는 말처럼 죽음은 끝이 아니라 삶과 이어지는 과정이다. "죽음을 똑바로 봐야 삶이 이해됩니다"라며 죽음 교육이 삶의 질을 높인다고 강조한다.

한국 장례 문화의 변화를 상징하는 사건이 있다. 1998년 SK 그룹 최종현 회장이 '좁은 국토에 이렇게 묘지가 많아서야 되겠는가'라는 생각으로 화장을 유언한 것이다. 그 당시 20%에 불과했던 화장률이 이듬해 30%를 넘어 급증하기 시작하여 지금은 80%를 넘어서고 있다. 한 사람의 용기 있는 결단이 사회 전체의 인식을 바꾼 대표적 사례다.

송 목사는 어린이를 위한 죽음 교육도 중요하게 생각한다. "장례식이야말로 최고의 죽음 현장 학습"이라고 말한다. 초등학교에서 꼭두인형을 만드는 수업을 통해 아이들이 "친구를 괴롭히지 않을래요. 공부 열심히 해서 부모님께 효도할래요"라는 소감을 남겼다는 사례를 소개한다.

장례 문화 혁명이 주는 메시지는 명확하다. 장례를 통한 치유와 화해의 가능성이다. "장례만 잘 치러도 행복 지수가 올라가요. 효도하라고 강조할 필요가 없죠. 반대로 장례를 잘 못 치르면 분노가 쌓이고 사회적 비용이 올라가죠"라는 말은 장례의 사회적 의미를 웅변한다.

나는 청란교회를 떠나며 송길원 목사의 '죽음의 유쾌한 반란'이 단순한 형식의 변화가 아님을 깨달았다. 죽음을 숨기고 부정하는 문화에서 죽음을 자연스럽게 받아들이는 문화로의 패러다임 전환이다. 결국 웰다잉은 웰빙의 연장선상에 있다. 죽음을 외면하고 부정하는 문화에서는 진정한 웰빙도 불가능하다는 그의 메시지가 깊은 울림으로 남는다.

"꽃보다 고인이 주인공인 장례"를 향한 송 목사의 꿈이 머지않아 현실이 되기를, 모두가 존엄하게 삶을 마무리할 수 있는 문화가 자리 잡기를 바란다.

사나톨로지Thanatology

지인의 병문안을 갔다. 병원 복도를 걸으며 문득 이런 생각이 들었다. 왜 삶에 대해서는 많이 이야기하면서도 죽음에 대해서는 입을 다물고 있을까? 그날 만난 분은 내게 작은 깨달음을 주셨다. "죽음이 무서운 게 아니라 준비 없이 맞이하는 게 무서운 거야"라고 하시던 말씀이 아직도 귓가에 맴돈다.

사나톨로지는 그리스 로마 신화의 죽음의 신 '타나토스'에서 이름을 빌려온 학문이다. 죽음학, 임종학으로도 불리는 이 분야는 단순히 죽음 자체를 연구하는 것이 아니라 죽음을 통해 삶의 의미를 찾는 과정이다. 어둠이 있어야 빛의 소중함을 알듯이 죽음의 유한함을 인식해야 비로소 삶의 무한한 가치를 깨달을 수 있다는 것이다.

흥미롭게도 스웨덴, 덴마크, 네덜란드 등 북유럽 국가들은 초·중등 교육 과정에 죽음 교육을 포함시키고 있다. 이들 국가에서는 어린 시절부터 죽음을 자연스러운 삶의 일부로 인식하도록 교육한다. 학생들이 호스피스를 방문하거나 장례 관련 직업에 대해 배우는 기회를 제공한다. 교육으로 인해 죽음에 대한 불필요한 공포를 줄이고 삶의 유한함을 인식함으로써 더 의미 있는 삶을 살도록 돕는다. 한국에서도 2001년 설립된 한국죽음학회를 중심으로 죽음에 관한 학제 간 연구와 교육이 활발해지고 있다. 여러 대학에서 '죽음학', '생사학' 강좌가 개설되고 있다.

더 흥미로운 것은 전 세계적으로 확산되고 있는 '죽음 카페 Death Cafe'의 움직임이다. 2011년 영국의 존 언더우드가 스위스 사회학자 버나드 크레타즈의 '카페 모르텔' 개념에서 영감을 받아 시작한 이 모임은 2025년 기준, 전 세계 93개국에 걸쳐 약 21,536개의 죽음 카페가 열렸으며, 참여 인원만 계산해도 20만 명이 훌쩍 넘는다. 차와 케이크를 나누며 죽음에 대해 자유롭게 이야기하는 이 공간은 그동안 금기시되어 온 죽음을 일상의 대화 속으로 끌어들이고 있다.

사나톨로지의 핵심은 스티브 잡스가 매일 아침 거울을 보며 던졌다는 질문에 압축되어 있다. "오늘이 내 인생의 마지막 날이라면 오늘 하려는 일을 정말로 하고 싶은가?" 이는 단순한 자문이 아니라 삶의 우선순위를 재정립하는 강력한 도구다. 죽음의 유한함을 직시할 때 비로소 중요한 것이 무엇인지 알게 된다.

앞서 언급한 호주의 완화의료 간호사 브로니 웨어가 임종 환자들에게서 들은 다섯 가지 후회가 이를 증명한다. 이 후회들은 모두 시간의 유한함을 인식하지 못한 채 살았기 때문에 생긴 것들이다.

변화의 바람이 불고 있다. 2018년 시행된 연명의료결정법은 존엄한 죽음을 법적으로 보장하는 중요한 진전이었다. 더 나아가 일본의 '엔딩노트' 문화처럼 자신의 삶을 정리하고 감사했던 순간들을 기록하는 움직임도 확산되고 있다. 단순한 유언장이 아니라 자신의 인생을 되돌아보며 남은 시간을 더 의미 있게 살아가기 위한 성찰의 도구다.

사나톨로지의 메시지는 명확하다. 죽음은 끝이 아니라 삶을 더욱 풍요롭게 만드는 렌즈다. 유한함을 인식할 때 비로소 매 순간의 소중함을 깨닫게 되고 죽음에 관해 이야기할 때 역설적으로 삶에 대한 이해가 깊어진다.

병문안 가서 만난 분의 말씀이 이제야 완전히 이해된다. 죽음을 준비한다는 것은 죽음만을 위한 것이 아니라 남은 삶을 더욱 의미 있게 살기 위한 것이다. 사나톨로지는 단순히 죽음을 연구하는 학문이 아니라 어떻게 살 것인가에 대한 근본적인 질문을 던지며 더 나은 삶으로 안내하는 나침반인 것이다.

죽음의 공포에서 벗어나기

건강 검진을 받으며 병원 대기실에서 만난 할아버지의 말씀이 아직도 마음에 남아있다. "젊을 때는 죽음이 남의 일 같았는데 나이가 들수록 죽음이 삶의 일부라는 걸 깨닫게 되네." 할아버지의 평온한 표정 속에서 죽음을 대하는 성숙한 지혜를 엿볼 수 있었다.

인간은 언젠가 죽음이라는 주제와 마주하게 된다. 누구나 죽음은 한 번만 하는 첫 경험이자 마지막 경험이다. 내일도 햇볕을 느낄 수 있을 거라는 확신은 누구에게도 없다. 오늘이 당연하게 느껴지지만 매 순간은 사실 특별한 선물이다. 이런 인식이 때로는 불안을 가져오기도 하지만 역설적으로 삶을 더 풍요롭게 만들 수도 있다.

2024년 보건복지부 발표에 따르면 우리나라 국민의 정신건강 문제 경험률이 2022년 대비 높아진 것으로 나타났다. 특히 주목할 점은 2023년 한국의 OECD 자살률이 24.8명으로 OECD 평균 10.7명의 2배를 넘어 여전히 1위를 기록했다는 사실이다. 코로나19 장기화로 인한 사회적 고립과 경제난이 복합적으로 작용하면서 정신질환으로 진료받은 국민도 2017년 321만 명에서 2022년 434만 명으로 크게 증가했다.

이런 현실은 죽음과 삶의 의미에 대해 더 깊이 성찰할 필요가 있음을 보여준다. 위대한 작가 톨스토이는 1886년 『이반 일리치의 죽음』을 통해 죽음 앞에서 느끼는 인간의 심리를 섬세하게 그려냈다. 주인공은 사회적으로 성공했으나 생의 마지막에 이르러 자신이 진정으로 원했던 삶을 살지 못했다는 깨달음에 도달한다. 이 작품이 출간된 지 140여 년이 지났지만 여전히 현대인들에게 강력한 메시지를 전하고 있다.

죽음에 대한 두려움은 여러 모습으로 나타난다. 죽음 과정 자체에 대한 불안, 사후 세계의 불확실성, 미완의 삶에 대한 아쉬움 등이 있다. 최근 뇌과학 연구에 따르면 임종 과정에서 뇌의 활동 패턴이 변화하면서 일부 사람들은 과거 기억들이 빠르게 스쳐 지나가는 '생애 회상' 현상을 경험한다고 한다. 이는 뇌가 마지막 순간까지도 의미를 찾으려 노력하고 있음을 시사한다.

　죽음에 대한 인식은 오히려 삶을 더 풍요롭게 만드는 원천이될 수 있다. 레오나르도 다빈치가 남긴 "잘 보낸 하루가 편안한잠을 주듯이 잘 보낸 일생은 편안한 죽음을 가져다준다"라는 말은 오늘날까지 많은 이들에게 영감을 주고 있다. 매 순간 조금씩변화하며 살아가는 우리에게 삶과 죽음은 하나의 연속선상에있다. 이 자연스러운 흐름을 받아들일 때 오히려 남은 시간을 더의미 있게 채울 수 있게 된다.

　죽음에 대한 생각이 주는 가장 큰 선물 중 하나는 자기성찰의기회다. '내 시간이 제한되어 있다면…'이라는 생각으로 자신을돌아보는 것이 도움이 된다. 그런 순간에 스스로에게 여러 질문을 던지게 된다. 내 기슴이 원하는 삶을 살고 있는지, 소중한 사람들과 충분한 시간을 보내고 있는지, 다른 이들의 삶에 긍정적인 영향을 미치고 있는지 등을 생각해 보게 된다.

　현대 심리학에서도 죽음에 대한 수용이 정신 건강에 긍정적인영향을 미친다고 보고하고 있다. 미국의 심리학자들은 죽음에대한 불안을 직면하고 수용하는 과정이 심리적 성장으로 이어질 수 있다고 설명한다. 죽음을 의식하며 살아가는 사람들은 종종 사소한 일에 덜 연연하고 의미 있는 관계와 경험을 더 중요시하는 경향이 있다.

　중국의 철학자 장자는 자연의 흐름에 순응하는 태도를 가르쳤다. 불교에서는 '무상無常'의 개념을 통해 모든 것의 변화를 받아들이도록 안내한다. 동양의 지혜는 죽음에 대한 공포를 완화하는 데 도움이 된다. 죽음을 자연스러운 삶의 일부로 받아들이는 지혜는 여러 문화와 철학에서 공통적으로 발견되는 인류의 보편적 통찰이다.

죽음의 가능성을 인정하는 삶은 더 깊고 풍요로워진다. 2024년 국민 정신건강 조사에서 78.8%가 '평소 건강한 정신을 유지하기 위해 노력하고 있다'고 답했듯이 많은 사람들이 의미 있는 삶을 추구하고 있다. 정신건강 서비스 이용 방법을 아는 비율은 24.9%에 그쳐 여전히 도움이 필요한 상황에서 적절한 지원을 받지 못하는 현실을 보여준다.

웰다잉Welldying은 결국 웰빙Wellbeing의 자연스러운 연장선상에 있다. 매일을 의미 있게 살아갈 때 죽음에 대한 두려움은 조금씩 녹아내리고 대신 지금 이 순간의 충만함을 경험할 수 있게 된다. 죽음이라는 렌즈를 통해 삶을 바라볼 때 더 따뜻하고 깊은 방식으로 살아갈 수 있다.

어쩌면 진정한 웰다잉이란 마지막 순간에 '나는 내게 주어진 시간을 소중히 썼다'고 미소 지을 수 있는 그런 삶을 살아가는 것이 아닐까? 죽음에 관한 생각이 두려움이 아닌 오늘을 더 의미 있게 만드는 지혜가 될 수 있기를 바란다. 병원 대기실에서 만난 환자분처럼 죽음을 삶의 자연스러운 일부로 받아들이며 더욱 충만한 나날을 보낼 수 있었으면 한다.

죽음의 미학

장엄하고 화려하다. 무서웠던 '상여'가 이렇게 아름답게 느껴지다니. 예술로 보이는 건가. 국립민속박물관에 실물 그대로의 상여가 전시되어 있다. 소장품 번호 민속 44880번이다.

상여는 망자가 생전 살던 집을 떠나 영원히 잠들 산소에 이르기 전까지 잠깐 묵는 집이다. 그 안에 뉘었을 수많은 망자는 지금 어느 별에 있을까를 상상하며 30여 분 상여 주변을 맴돌았다. 색색깔로 그려진 여러 모양의 꼭두를 제대로 바라보기는 처음이었다. 살던 집과 마찬가지로 상여에도 시중을 들어줄 이들이 필요했고 동시에 저승길을 안내해 줄 안내자가 필요했다. 이 역할을 해낸 게 바로 꼭두다.

죽음은 무겁기만 했다. 죽음을 상징하는 상여는 더욱 그랬다. 동네 어귀의 '상엿집' 외관은 저승처럼 검고 그곳을 지나치려면 머리털이 꼿꼿이 서곤 했다. 무섬증과 궁금증의 집합체가 상여였다. 마을 공동 물건으로 소중하게 다뤄졌다.

상여집과 귀신의 전설 또한 뗄 수 없는 상관관계였다. 빗자루 귀신, 몽달 귀신, 처녀 귀신, 총각 귀신 등을 다 갖다 붙이며 공포심을 유발하곤 했다. 한때 라디오 방송에서 〈전설 따라 삼천리〉가 유행했는데 그곳도 두려움을 키우는 하나의 온상이었다. 예를 들면 경기도 어느 산골에 찻길이 생겼는데 새벽에 하얀 소복을 한 채 긴 머리카락을 풀어헤친 여인이 입에 칼을 물고 피를 흘리며 운전자를 유인해 어디론가 데려갔다는 둥 말도 많고 탈도 많던 귀신 시리즈였다.

요즘 '웰다잉Welldying'을 내세우는 가운데 '웰빙Wellbeing'을 잘해야 웰다잉을 잘할 수 있다고 한다. 죽음 자체보다는 죽기 전에 살아있을 때 더 의미 있고 멋진 삶을 살아야한다는 이야기다. 죽음에 대한 여러 의문을 풀기 위해 생사학生死學 포럼 등을 찾아 나섰다.

죽음을 연구한 송길원 목사는 『죽음이 품격을 입다』라는 책도 펴냈다. 획일적이고 단일화한 장례 절차를 비롯해 음지에서 쉬쉬하던 장례와 죽음 문화에 대해 저자는 지난 20여 년간 끊임없이 유쾌한 반란을 시도해 왔다. 이 책에서는 값비싼 수의 대신 평상복 입기, 고인의 삶이 담긴 임종 대본 만들기, 메모리얼 테

이블 제작, 시신 냉장고저온 저장 장치를 통한 가족과 마지막 대면 인사, 고인을 위한 추모사, 장례식보다는 생전식生前式, 죽은 자가 중심이 되는 작은 장례식, 한국식 '종활終活' 활동, 임종 환자들을 위한 나들이 등 기발하고 가슴 뭉클한 제안이 끝없이 펼쳐진다.

책의 요지도 퍽 흥미롭다. 죽음을 가볍게 보자는 것이다. 왜 죽음이 그리 두렵고 무서워야 하냐고 반문한다. 『죽음이 배꼽을 잡다: 임종유머와 인문학의 만남』이란 책을 통해 죽음을 얼마든지 해학과 웃음으로 재밌게 생각할 수 있다는 지론이다. 천상병 시인이 인생을 아름다운 소풍으로 비유한 것처럼 한 인생 잘 놀다 간다는 마음으로 죽음을 맞이할 수 없을까.

우리의 영정 사진은 하나같이 엄숙하다. 송 목사는 해학적 죽음이 곧 웰다잉의 길이기도 하며 평상시 죽음 공부는 삶을 보다 잘 살기 위함임을 역설한다. 태어남은 축복이지만 죽음은 고통과 절망의 절차라고 생각한다. 하지만 "태어날 때 당신은 울고 주변 사람들은 웃는데, 죽음 앞에서 당신은 웃고 주변 사람들이 우는 그런 삶을 사세요"라고 말한 김수환 추기경의 진언眞言을 기억해야겠다.

종활終活이 활성화된 일본의 장례박람회는 해마다 열린다. 2023 9회 엔딩Ending 박람회장을 둘러보며 장례 문화가 점점 간소화되고 디지털화됨을 실감했다. 장례 문화는 산 자와 죽은 자의 연결고리라 할 수 있다. 그 연결고리를 통해 애도하고 추모와 효 사상을 고취하며 자신의 살아온 생을 반추해 볼 기회였다. 고인의 유골을 열처리해 반지나 목걸이 등 유골 보석을 만들어 착용하는 등 다양한 장례 문화가 자리 잡고 있음을 한눈에 볼 수 있었다.

박람회장은 일본 전국에서 장례 관련 회사가 각종 제품을 출품한다. 일본은 초고령 사회로 다사多死 사회다. 장지가 모자라는 형편이다. 대안으로 우주장 소위 말해 풍선장을 치르기도 한다. 화장한 시신의 유골을 풍선에 넣어 하늘로 날려 보내는 의식이다. 유골이 들어 있는 풍선은 땅에서 40~50km 떨어진 성층권에서 기압 차에 의해 터진다고 한다. 요즘 애완동물을 많이 키우는데 애견 장례도 사람과 거의 흡사하게 치러져 관심을 끌었다.

장례의 일환으로 사전 장례식을 치르든가, SNS에 떠도는 고인의 기록을 지우는 '디지털 장의사'도 활동하고 있다. 무엇보다 추천하고 싶은 것은 사전, 사후 유품 정리와 생전 장례식이다. 이번 박람회에 동행했던 김두년 전 중원대 총장은 퇴직 후 유품 정리사로 봉사하며 노년의 삶을 자신뿐만 아니라 남을 위해 풍성하게 살고 있다.

이 세상에 나오는 순서는 정해져 있지만 저 세상 출두에는 순서가 없음을 기억하며 언제 저 세상에 가도 여한이 없는 삶을 살아야겠다는 생각이 드는 요즘이다. 주위에 세상을 떠났다는 소식의 빈도 수가 점점 늘고 있다. 부쩍 나눔, 봉사, 사랑 등의 단어가 내 주위를 맴돈다. 이제 조금씩 철이 들어가는 징조인가 보다.

미약하나마 평소 몇 군데 봉사와 나눔을 하고 있지만 작은 발걸음에 불과하다. 죽을 때 입는 수의에는 호주머니가 없다는데 좀 더 남을 위한 보폭을 키워보려 한다. 자신의 죽음을 기억하라는 '메멘토 모리Memento mori'를 늘 간직하며 멋진 삶을 살아야겠다고 다시 한번 다짐해 본다.

웰다잉이 조명받는 진짜 이유

주변에서 '웰다잉'이라는 말을 자주 듣는다. 처음에는 좀 어색했다. 죽음에 대해 이렇게 공개적으로 이야기하는 것이 낯설기 때문이었다. 생각해 보니 이런 관심이 생긴 데는 그럴 만한 이유가 있었다.

우선 우리 사회가 급속하게 늙어가고 있다는 현실을 무시할 수 없다. 전철을 타고 다니며 느끼지만 정말 어르신들이 많아졌다. 통계를 보니 2025년에 인구 5명 중 1명이 65세 이상이 되어 초고령 사회에 진입했다고 한다. 이제 죽음이 먼 얘기가 아니라 가까운 현실이 되었다.

의료 기술이 발달한 것도 역설적으로 웰다잉에 대한 관심을 높였다. 예전에는 병에 걸리면 어쩔 수 없이 세상을 떠났지만 지금은 의료 발달로 생명을 연장할 수 있다. 과연 의식도 없는 상태로 기계에 의존해 사는 게 의미 있는 삶일까? 많은 사람들이 이런 고민을 하게 되었다.

몇 년 전 '김 할머니 사건'이 사회에 큰 파장을 일으켰다. 식물인간 상태가 된 할머니의 가족들이 연명치료 중단을 요청했지만 병원에서 거부하자 법정까지 간 사건이었다. 결국 대법원에서 환자의 의사를 존중해야 한다는 판결이 나왔고 이후 연명의료결정법까지 만들어졌다. 이 사건을 계기로 많은 사람들이 '존엄한 죽음'에 대해 진지하게 생각하기 시작했다.

가족 구조의 변화도 큰 영향을 미쳤다. 혼자 사는 사람들이 많아졌다. 주변에 독거노인 가구가 부쩍 늘었다. 예전에는 가족들이 돌봐주며 임종을 맞이했지만 이제는 그런 기대를 하기 어려워졌다. 혹시 아무도 모르게 쓸쓸히 세상을 떠나는 것은 아닐까 하는 불안감이 생긴 것이다.

특히 베이비부머 세대가 본격적으로 은퇴하기 시작하면서 상황이 달라졌다. 이들은 이전 세대와 달리 교육 수준이 높고 자신의 인생을 주체적으로 설계하려는 성향이 강하다. 노후에도 심지어 죽음에 있어서도 수동적으로 당하기보다는 능동적으로 준비하고 싶어 한다.

무엇보다 가치관이 변했다. 예전에는 단순히 오래 사는 것이 목표였다면 지금은 '어떻게 사는가'가 더 중요해졌다. 삶의 질을 중시하는 문화가 자리 잡으면서 자연스럽게 '어떻게 죽을 것인가'에 대한 관심도 높아진 것이다.

경제적 여유도 한몫했다. 이전 세대보다 상대적으로 풍요로운 삶을 살아온 베이비부머들은 죽음마저도 자신이 원하는 방식으로 맞이하고 싶어 한다. 장례비용을 미리 준비하거나 장례 방식을 사전에 정하는 사람들이 늘어나고 있는 것도 이런 맥락에서 이해할 수 있다.

최근 직장인을 대상으로 한 설문조사를 보니 10명 중 7명이 '생전 장례식'에 대해 긍정적으로 생각한다고 했다. 장례식이 꼭 슬픈 분위기일 필요는 없고 살아 있을 때 많은 사람들과 감사 인사를 나누는 것이 좋겠다는 의견이 많았다. 이런 인식 변화가 놀라웠다.

실제로 요즘에는 다양한 웰다잉 문화가 생겨나고 있다. 자서전을 쓰는 시니어도 늘어나고 디지털로 유언을 남기는 서비스도 등장했다. 살아서 치르는 장례식도 하나의 문화로 자리 잡아가고 있다.

사회 전반적으로 개인의 선택권을 존중하는 분위기도 영향을 미쳤다. 결혼을 하지 않거나 아이를 낳지 않는 것을 개인의 선택으로 받아들이듯이 죽음의 방식도 개인이 결정할 수 있다는 인식이 확산되고 있다.

생각해 보면 웰다잉에 대한 관심 증가는 단순한 유행이 아니다. 사회가 겪는 구조적 변화의 자연스러운 결과다. 고령화 가족 구조 변화, 의료 기술 발달, 가치관 변화 등이 복합적으로 작용한 것이다.

죽음을 더는 금기시하지 않고 자연스럽게 이야기할 수 있게 된 것은 어쩌면 사회가 한 단계 성숙해진 증거일지도 모른다. 웰다잉은 결국 웰빙의 연장선이다. 잘 살기 위해서는 잘 떠날 준비도 해야 하는 것 아닐까.

왜 사전연명의료의향서가 각광받을까

2017년에 어머니가 돌아가시기 몇 년 전의 일이다. 어머니가 갑자기 진지한 표정으로 "나중에 식물인간이 되면 기계에 의존해서 살고 싶지 않다"라고 말씀하셨다. 처음에는 왜 갑자기 그런 말씀을 하시나 싶었는데 알고 보니 사돈어른이 오랫동안 의식불명 상태로 누워 계시는 것을 보고 느낀 바가 있으셨던 것 같다.

어머니의 사돈어른은 당시 이미 3년째 중환자실에서 인공호흡기에 의존하고 있었다. 뇌경색으로 쓰러진 후 의식을 되찾지 못했다. 가족들은 혹시나 하는 마음에 연명치료 중이었다. 어머니는 가끔 문병을 다녀올 때마다 마음이 무거우셨던 것 같다. "저렇게 사는 게 과연 사는 걸까"라고 혼잣말을 하시는 걸 몇 번 들었다.

그때는 사전연명의료의향서라는 것이 있다는 걸 잘 몰랐다. 건강할 때 미리 써두는 일종의 의료 유언장 같은 것이다. 만약 나중에 의식을 잃거나 판단력을 상실했을 때 인공호흡기나 심

폐소생술 같은 연명치료를 받을지 말지를 미리 결정해 두는 문서다. 지금 생각해 보면 어머니가 그런 말씀을 하실 때 이런 제도가 있었다면 마음이 좀 더 편하셨을 텐데 하는 아쉬움이 든다.

2018년부터 이런 제도가 정식으로 시행되면서 많은 사람들이 관심을 보이고 있다. 2025년 5월 기준, 사전연명의료의향서 등록자는 289만 명에 이르렀고, 실제로 연명의료 중단존엄사를 선택한 사례는 42만 8,000건에 달한다. 생각보다 많은 사람들이 자신의 마지막을 미리 준비하고 있는 것이다. 어머니 같은 분들이 많았구나 싶었다.

왜 이런 제도가 주목받을까? 가장 큰 이유는 인간으로서의 존엄성을 지키고 싶어서가 아닐까 싶다. 의식도 없는 채로 기계에 의존해 연명하는 것을 원하지 않는 사람들이 늘고 있다. 어머니도 항상 "살아있는 것과 살아가는 것은 다르다"라고 말씀하셨다. 단순히 심장이 뛰고 호흡을 하는 것만으로는 진정한 삶이라 할 수 없다는 생각이었던 것 같다.

사돈어른의 경우를 보면서 환자 가족들의 부담도 큰 문제라는 걸 알 수 있었다. 실제로 연명의료 중단을 결정할 때 본인이 직접 의사를 밝힌 경우는 전체의 3분의 1 정도밖에 안 된다고 한다. 나머지는 가족들이 환자의 평소 생각을 짐작해서 결정하거나 아예 환자의 뜻을 몰라서 가족끼리 합의해서 정한 경우다.

사돈 가족들을 보면서 정말 마음이 아팠다. 형제들 사이에서도 의견이 갈렸다. 큰아들은 "아버지가 깨어나실 수도 있으니 끝까지 해보자"라고 했고, 둘째 아들은 "이렇게 고생시키는 게 맞나"라며 고민했다. 며느리들도 각자 다른 생각을 가지고 있었다. 의료비 부담도 만만치 않았다. 한 달에 수백만 원씩 나가는 병원비 때문에 집안 경제가 어려워졌다.

무엇보다 힘든 건 매일 병원에 가서 의식 없는 아버지를 지켜보는 가족들의 마음이었다. 어머니는 "저 집 큰며느리가 요즘 많이 야위었다"라며 걱정하곤 하셨다. 가족들이 교대로 병실을 지키며 '혹시 깨어나지 않을까'라는 기대와 절망을 반복하는 모습이 안타까웠다.

의료진 입장에서도 환자의 명확한 의사가 있으면 훨씬 마음이 편할 것 같다. 서울대병원의 한 교수는 "연명의료 결정법 시행을 계기로 편안한 마무리 문화가 향상됐다"라고 평가했다고 한다. 의사들도 환자와 가족의 고통을 지켜보는 것이 힘들었을 것이다. 치료 가능성이 거의 없는 상황에서도 가족들의 요청으로 무의미한 치료를 계속해야 하는 의료진의 심정도 복잡했을 것이다.

어머니는 사돈어른의 병세를 지켜보면서 자주 이런 말씀을 했다. "나는 저렇게 오래 누워서 가족들 고생시키고 싶지 않다. 갈 때가 되면 깨끗하게 가고 싶다." 그런 어머니의 말씀을 들을 때마다 마음이 무거웠지만 한편으로는 어머니의 생각이 이해되기도 했다.

결국 사돈어른은 4년 만에 세상을 떠나셨다. 가족들은 그동안 정말 많이 힘들어했다. 경제적으로도 정신적으로도 지쳐있었다. 장례식날 큰며느리가 "이제야 편히 가시는구나"라고 중얼거리는 모습을 보며 복잡한 감정이 들었다.

물론 현재 제도에도 개선할 점이 많다. 절차가 너무 복잡하다는 지적도 있고 손자까지 서명을 받아야 하는 경우도 있다고 한다. 정작 환자 본인보다 가족이 결정하는 비율이 더 높다는 것도 아쉬운 부분이다. 하지만 이런 제도가 생긴 것 자체가 의미 있다고 생각한다.

예전에는 죽음에 관해 이야기하는 것조차 금기시했는데 이제는 자신의 마지막을 스스로 준비할 수 있게 되었다. 어머니가 살아계셨다면 분명히 이런 제도를 반기셨을 것이다. "이제야 마음이 놓인다"라고 하시면서 직접 작성하셨을 것 같다.

사전연명의료의향서가 각광받는 근본적인 이유는 죽음에 대한 주체적 결정권을 회복하고 마지막 순간까지 인간으로서의 존엄성을 유지하려는 현대인의 바람이 반영된 것이라 생각한다. 죽음을 준비한다는 것이 비관적인 일만은 아닌 것 같다. 오히려 남은 시간을 더 의미 있게 보낼 수 있는 여유가 생기고 가족들에게도 마지막 배려가 될 수 있다.

언젠가는 모든 사람이 맞이해야 할 마지막이라면 미리 준비해두는 것이 나와 가족 모두를 위한 일이 아닐까 생각한다. 어머니의 그 말씀이 이제야 진정으로 이해된다.

생전 유품 정리가 뜨는 연유

'생전 유품 정리'라는 말을 자주 듣는다. 살아있을 때 미리 자신의 물건들을 정리하고 삶을 돌아보는 과정을 말한다. 잘 아는 전 중원대학교 김두년 총장은 퇴직 후 생전 유품 정리를 몸소 체험 중이시다. 2021년 퇴임 이후에 장례지도사, 유품정리사일본, 평생교육사 자격을 취득했다. 현재는 한국유품관리협회 협회장, 예비사회적기업 ㈜천국양행 이사로 재임하면서 은퇴예비자의 은퇴 준비 교육, 시니어의 노후 정리와 사후 준비 교육, 고독사 예방과 웰다잉 교육 강사로 활동하고 있다. 나는 김 총장님의 용기에 호기심이 발동해 여쭸다.

"어떤 계기로 총장님이 남들이 하기 힘든 일을 하고 계시나요?" 특히 고독사로 떠난 고인과 산더미 같은 고인의 물건들에 둘러싸인 광경을 보며 처음에는 좀 서글픈 일이었는데 꼭 필요한 일이라는 생각이 든다고 하셨다. 소명의식을 가지고 당신의 뜻을 세우는 게 남다르다고 여겨졌다. 덕분에 나도 생전 유품 정리에 대해 관심을 갖게 되었다.

통계를 보니 고독사 사망자는 2022년 3,559명, 2023년 3,661명으로 2021년 3,378명 대비 다소 증가한 것으로 나타났다. 특히 50~60대 중장년 남성들이 가장 위험하다고 한다. 혼자 살다가 혼자 떠나는 분들이 그렇게 많다니 마음이 아프다.

'대한민국 최초의 유품정리사'인 김석중 대표의 이야기를 들어보니 더욱 실감이 났다. 김 대표는 "한 사람의 죽음 뒤에는 집 한 채 분량의 유품이 생긴다"라고 말한다. 그냥 물건들이 아니라 그 사람의 삶의 흔적들이라는 것이다. 고인의 품위를 지키고 생전 의도를 가족들에게 전달해 주는 것이 유품 정리의 진짜 의미라고 한다.

일본에는 '가타미와케形見分け'라는 문화가 있다고 한다. 자신을 추억할 수 있는 물건을 주변 사람들에게 미리 나눠주는 풍습이다. 참 좋은 문화라는 생각이 든다. 받는 사람도 기분 좋고 주는 사람도 마음이 홀가분해질 것 같다.

나에게도 그런 분이 계시다. 올해 86세 되신 은사님이다. 몇 년 전부터 은사님께서는 가끔씩 우편으로 당신의 물건들을 내게 보내주신다. 만년필, 오래된 책, 작은 장식품 등이다. 택배를 받을 때마다 가슴이 뭉클해진다. 아마도 은사님께서는 미리미리 유품 정리를 하시는 것 같다.

은사님이 보내오시는 물건들은 바로 사랑과 배려다. 물건과 함께 오는 짧은 편지에는 "네가 써주길 바란다"거나 "이걸 보며 나를 생각해 주게"라는 말씀이 적혀 있다. 솔직히 당장 필요한 물건들은 아니다. 하지만 하나하나 고이 간직하고 있다. 그 물건들을 볼 때마다 눈물이 핑 돌기도 한다.

은사님의 그런 모습을 보면서 나도 훗날 그런 행동을 누군가에게 할 것이라는 생각이 든다. 내가 소중히 여기던 것들을 의미 있는 사람에게 나누어주는 것. 그것이 진정한 생전 유품 정리가 아닐까 싶다.

유품정리사 김 대표는 혼자 사시는 어르신들에게 사후 정리를 도와줄 사람을 미리 세 명 정도 정해두라고 조언한다. 그분들과 평소에 자주 연락하며 지내라고 한다. 가수 현미 씨처럼 매일 안부를 확인하는 사람들이 있으면 고독사도 예방할 수 있다는 것이다.

생각해 보니 생전 유품 정리는 단순히 물건을 버리는 일만이 아니다. 자신의 삶을 돌아보는 시간이기도 하다. 이 물건을 샀을 때의 기억, 이 옷을 입고 다녔던 시절의 추억들을 떠올리면서 자연스럽게 인생을 정리하게 된다. 어떤 면에서는 일종의 자서전 쓰기와 비슷한 효과가 있는 것 같다.

요즘 김 대표에게 전국에서 월 10회 이상 강연 요청이 들어온다고 한다. 예전에는 죽음에 대해 미리 준비하는 걸 꺼렸는데 이제는 '웰다잉'이라는 개념이 확산되면서 분위기가 바뀌고 있다. 존엄한 죽음을 위한 준비가 중요하다는 인식이 생긴 것이다.

며칠 전 우리 집도 대청소를 했다. 안 쓰는 물건들을 정리하면서 새삼 느꼈다. 물건 하나하나에 추억이 담겨 있다는 걸. 하지만 모든 걸 다 가지고 있을 수는 없다. 정말 소중한 것들만 남기고 나머지는 과감히 정리하는 것도 필요하다는 생각이다.

은사님을 보면서도 배운 것이 있다. 생전 유품 정리는 혼자 하는 일이 아니라는 점이다. 소중한 사람들과 함께 나누는 과정이다. 물건을 누구에게 줄까 고민하다 보면 자연스럽게 그 사람들과의 관계를 되돌아보게 된다. 그런 과정 자체가 고독사 예방에도 도움이 되리라.

진정한 유품 정리는 청소가 아니라 추모를 위한 것이라는 김 대표의 말이 인상 깊었다. 남겨진 사람들이 고인을 기억하고 위로받을 수 있도록 의미 있는 물건들을 선별해서 보존하는 것이다. 요즘에는 디지털 방식으로 고인의 흔적을 남기는 방법도 많이 생겼다고 한다.

혼자 사는 분들이 늘어나고 있는 요즘, 생전 유품 정리는 선택이 아니라 필수인 것 같다. 물건을 정리하는 것은 결국 자신의 삶을 정리하는 일이고 남은 사람들에게 마지막 배려를 하는 일이기도 하다.

생전 유품 정리가 주목받는 것은 단순한 유행이 아니라 시대적 요청이다. 고령화와 1인 가구 증가라는 현실에 맞춰 준비해야 할 일이다. 죽음을 더는 금기시하지 않고 자연스럽게 받아들이는 문화가 생기고 있다는 증거이기도 하다.

결국 생전 유품 정리는 물건을 버리는 것이 아니라 의미를 찾는 일이다. 나의 삶을 돌아보고 남은 시간을 더 의미 있게 보내기 위한 준비 과정인 것이다. 존경하는 은사님께서 보여주시듯이 사랑하는 사람들과 마음을 나누는 소중한 시간이기도 하다.

안락사가 늘어나는 까닭

'사전연명의료의향서'를 제출하러 보건소에 갔다. 2024년 벚꽃이 만발할 즈음이었다. 서류를 다 작성하고 일어서려는데 담당 직원이 조심스럽게 말을 걸었다. "혹시 시간 되시면 영화 하나 보세요. 죽음에 관한 영화인데 정말 생각할 거리가 많거든요." 그분이 추천해 준 영화가 바로 〈플랜 75〉였다.

처음에는 좀 무거운 주제의 영화 같아서 선뜻 보고 싶지 않았지만, 며칠 후 호기심이 생겨서 결국 보게 되었다. 영화를 다 보고 나서는 한동안 말을 못 했다. 충격적이면서도 현실적이었기 때문이다.

〈플랜 75〉는 가까운 미래의 일본을 배경으로 한다. 초고령 사회가 된 일본 정부가 75세 이상 국민들의 죽음을 적극 지원하는 정책을 만든다는 내용이다. 75세가 넘은 노인들이 자발적으로 죽음을 선택하면 정부가 90만 원 정도의 준비금과 상담, 장례 서비스를 제공한다는 것이다.

주인공은 78세 여성 미치다. 호텔 청소 일을 하다가 나이를 이유로 해고당한다. 새 일자리를 찾아보지만 나이 때문에 문전박대를 당한다. 친구의 고독사 현장을 목격한 후 결국 안락사를 고민하게 된다. 영화를 보면서 마음이 참 무거웠다.

현실에서도 안락사에 대한 논의가 늘어나고 있다. 안락사란 치료가 불가능한 질병으로 고통받는 환자의 고통을 덜어주기

영화 〈플랜 75〉, 죽음 권하는 사회

위해 의학적 방법으로 생명을 종결시키는 것을 말한다. 최근에는 단순한 의학적 결정을 넘어 사회경제적 맥락에서도 이야기되고 있다.

안락사가 늘어나는 가장 큰 이유는 고령화 사회의 급속한 진행이다. 우리나라도 2025년에 65세 이상 인구가 20%를 넘어서는 초고령 사회에 진입했다. 일본보다 출생률이 더 낮아 심각한 문제에 직면할 수도 있다.

영화를 보고 나서 여러 사람과 이야기를 나누어봤다. 의견이 극명하게 갈렸다. '안락사는 고통스러운 환자에게 마지막 존엄성을 부여하는 것'이라는 의견이 있는 반면 '이런 식으로 사람을 비용의 문제로 접근하면 장애인은 설 자리가 없다'는 비판도 있었다.

특히 인상 깊었던 것은 경제적 문제와 연결된 의견들이었다. "영화 속 주인공 미치처럼 안정적인 일자리가 보장된다면 안락사는 후순위가 될 것"이라는 말이 가슴에 와 닿았다. 실제로 노인 일자리 정책이 더 활성화되면 굳이 안락사를 고민할 필요가 없을 것이라는 의견이 많았다.

세대 간 갈등도 무시할 수 없는 요인이다. "요즘 젊은이들은 75세 이상 노인들을 사람보다는 부담스러운 존재로 본다"라는 이야기를 들으니 씁쓸했다. 하지만 "75세 이상 노인들이 다 죽으면 과연 젊은이들의 삶이 나아질까? 돈만 남은 사회에서는 젊은이들도 행복하지 않을 것"이라는 질문은 깊은 생각을 하게 했다.

노년층의 경제적 불안정과 고독감도 큰 문제다. 영화 속 미치가 겪는 상황이 결코 남의 일 같지 않았다. 나이가 들어도 일할 수 있고 혼자 살아도 외롭지 않은 사회를 만드는 것이 더 중요하지 않을까 생각한다.

〈플랜 75〉의 감독 하야카와 치에는 이 작품을 통해 '인간의 존엄성보다 경제와 생산성을 우선시하는 사회'를 비판했다고 한다. 정확한 지적이라는 생각이 든다. 사람의 가치를 경제적 효용으로만 따져서는 안 된다.

죽음에 가까워지면서 느끼는 고통도 인간이 겪을 수 있는 하나의 과정이라는 의견도 있었다. 모든 고통을 피하려고 하기보다는 그 과정 자체를 받아들이는 것도 필요하다. 안락사를 희망하는 사람들이 늘어나는 이유는 복잡한 사회경제적 요인들과 맞물려 있다. 개인의 선택이나 고통 경감의 차원만이 아니다. 진정한 웰다잉은 생의 마지막 순간에 존엄성을 지키는 것뿐만 아니라 그 이전의 삶의 질을 보장하는 데서 시작된다.

보건소 직원이 그 영화를 추천한 이유를 이제야 알 것 같다. '사전연명의료의향서'를 작성하는 것도 중요하지만 어떻게 살 것인가에 대해서도 함께 생각해 보라는 의미였던 것 같다. 노년층이 경제적으로나 사회적으로 소외되지 않고 의미 있는 삶을 살 수 있도록 지원하는 것이 안락사 논의보다 더 우선되어야 할 과제인 것 같다.

영화를 보고 마음이 무거웠지만 한편으로는 고마웠다. 앞으로의 사회가 어떤 모습이어야 하는지 다시 한번 생각해 보는 계기가 되었기 때문이나.

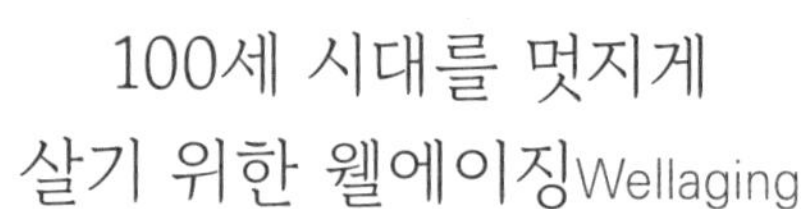

노년의 사치, 3多 인생의 삶

AI책쓰기코칭협회 주관으로 80여 회차 진행 중인 'AI 활용 책쓰기 세미나'에 참가하시는 분들을 보면서 새삼 느끼는 것이 있다. 인생의 황금기로 불리는 노년에 접어든 분들이 누리는 진정한 사치가 무엇인지 알 것 같다는 생각이다. 바로 세 가지 풍요로움, 즉 '3多삼다'를 누리는 삶이다.

첫 번째 사치는 '시간의 풍요'다. 세미나에 참석하시는 분들을 보면 대부분 여유로운 모습이다. 젊은 시절에는 늘 시간에 쫓기며 일과 가정 사이에서 분주하게 움직이느라 자신만의 시간을 갖기 어려웠지만 이제는 다르다. 강의 전에 여유롭게 차 한잔을 마시며 서로 안부를 묻고 강의가 끝나면 천천히 질문도 나눈다.

지난 세미나에 참석하신 75세 김 회장의 이야기가 인상 깊었다. 40년간 대기업을 경영하며 한 번도 제대로 된 휴가를 가져본 적이 없었다고 했다. 은퇴 후 처음에는 뭘 해야 할지 몰라 막막했는데 우연히 이 세미나를 알게 되어 참석하게 되었다고 한다. "젊었을 때는 꿈도 꾸지 못했던 일이에요. 시간이 제게 준 가장 큰 선물은 제 속도로 인생을 돌아볼 수 있다는 것입니다"라고 그분은 말씀하셨다.

두 번째 사치는 '경제적 풍요'다. 세미나 참가자들은 여러 다른 활동에도 참여한다. 이분들에게 경제적 풍요란 호화로운 생활이 아니다. 젊은 시절 열심히 준비한 노후 자금으로 기본적인 생활을 영위하면서도 배우고 싶은 것을 배우고 하고 싶은 일을 할 수 있는 여유를 의미한다.

72세 이 교수님은 30년간 대학에서 경영학을 가르치셨던 분이다. "젊을 때는 조금 빠듯했지만 그때의 저축이 지금의 여유를 만들었어요"라고 하시면서 세미나가 끝난 후 참가자들에게 식사를 대접하기도 하신다. 특히 인상 깊었던 것은 책 출간 후 인세를 모두 장학금으로 기부하겠다고 한 일이다. "제가 풍족하게 살지는 못해도 나눌 수 있는 여유가 있다는 것이 얼마나 큰 축복인지 모릅니다"라고 말씀하신다.

세 번째이자 가장 값진 사치는 '지혜의 풍요'다. 세미나를 진행하면서 가장 놀라는 것이 바로 이 부분이다. 각자 다른 분야에서 수십 년간 쌓은 경험과 노하우가 정말 대단하신 분들이다. 그

분들이 책쓰기 세미나에 참여하며 한결같이 하시는 말씀이 있다. "내가 가진 이 경험들을 그냥 가져갈 수는 없겠다. 책으로 써서 후배들에게 전해주고 싶다."

78세 박 총장님은 은퇴 후에도 후학 양성에 힘쓰고 계신다. 40년간의 교육 현장에서 얻은 지혜를 바탕으로 '교육 리더십'에 관한 책을 집필하고 계신다. "젊었을 때는 지식을 쌓는 데 급급했지만 이제는 그 지식을 어떻게 나눌지에 더 관심이 많아요"라고 하시면서 매주 열정적으로 원고를 다듬어 오신다.

가장 기억에 남는 분은 대기업 임원 출신인 정 회장이다. 처음 세미나에 오셨을 때는 "나 같은 늙은이가 무슨 책을 쓰겠느냐" 하시며 소극적이셨다. 몇 주 지나지 않아 완전히 달라지셨다. 자신이 30년간 축적한 경영 노하우를 'AI 시대의 경영 혁신'이라는 제목으로 책을 쓰기 시작하셨다. "젊은 경영자들이 시행착오를 줄일 수 있도록 도와주고 싶다"라며 열정적으로 집필에 매진하고 계신다.

이런 분들을 보면서 깨닫는 것이 있다. 진정한 노년의 사치는 이 세 가지 풍요를 활용해서 자신만의 가치를 세상에 나누는 것이라는 점이다. 시간의 여유로 차근차근 자신의 이야기를 정리하고 경제적 여유로 부담 없이 새로운 도전을 하며 지혜의 풍요로움으로 후배들에게 의미 있는 메시지를 전달하는 것 말이다.

세미나를 통해 벌써 100분 넘게 책을 출간하셨다. 각자의 전문 분야에서 쌓은 경험과 지혜를 담은 책들이다. 그분들의 공통점은 단순히 자신의 성공담을 자랑하는 것이 아니라 후배들이 같은 실수를 반복하지 않도록 도움을 주고 싶어 한다는 점이다.

100세 시대를 살아가는 노년층에게 이 세 가지 풍요는 더없이 소중한 선물이다. 시간이라는 여유를 바탕으로 적절한 경제력을 활용하여 인생의 지혜를 나누며 살아가는 것이 진정한 노년의 사치다. 이런 사치는 저절로 주어지는 것이 아니라 젊었을 때부터 차근차근 준비해야 얻을 수 있는 특별한 선물이다.

세미나를 진행하면서 느끼는 보람이 크다. 그분들이 3多를 활용해 자신의 노하우를 세상에 내놓으시는 모습을 보면서 진정한 웰에이징이 무엇인지 배우고 있다. 시간, 돈, 지혜의 3多를 바탕으로 행복한 웰에이징을 실천하는 것, 그것이야말로 100세 시대를 사는 사람들에게 허락된 가장 아름다운 사치일 것이다.

남을 위한 이타적인 삶

어느 날 아침 아파트 노인정 앞을 지나다가 옆집에 사는 할머니를 만났다. 팔십이 넘은 연세에도 매일 아침 일찍 나와 노인정 앞 화단의 꽃에 물을 주었다. "내가 가꾼 꽃을 보며 지나가는 사람들이 기뻐하는 모습을 보는 게 즐겁다네"라는 할머니의 말씀에서 이타적 삶의 진정한 의미를 발견했다.

100세 시대를 살아가는 노년기는 더 이상 쉬고 받기만 하는 시기가 아니다. 가진 것을 나누고 베풀 수 있는 황금기라고 할 수 있다. 젊은 시절에는 바쁜 일상 속에서 미처 실천하지 못했던 이타적인 삶을 이제는 충분한 시간과 여유를 가지고 실천할 수 있게 되었다.

이타적인 삶은 거창한 것에서 시작하지 않는다. 아파트 경비원 아저씨께 건네는 따뜻한 미소 한 번, 장애인 복지관에서 보내는 주 2회 봉사활동, 손자녀들을 돌보며 맞벌이하는 자녀들을 돕는 일, 독거노인 이웃을 찾아가 말벗이 되어주는 것 등 이런 작은 실천이 세상을 따뜻하게 만든다.

특히 베이비부머 세대는 전쟁과 가난을 극복하고 경제 성장을 이룩한 귀중한 경험을 가지고 있다. 경험과 지혜를 젊은 세대와 나누는 것 역시 중요한 이타적 실천이다. 학교나 복지관에서 인생 선배로서 멘토링을 하거나 각자의 경험을 글로 남겨 후세에 전하는 것도 의미 있는 일이다.

이타적 삶의 가장 큰 역설은 남을 위해 베풀수록 오히려 자신이 더 큰 행복과 보람을 느낀다는 점이다. 봉사활동을 통해 만나는 새로운 인연들, 누군가에게 도움이 되었다는 뿌듯함, 세상에 작은 변화라도 만들어냈다는 자부심. 이 모든 것이 노년을 더욱 풍요롭게 만든다.

최근에는 은퇴한 전문직 종사자들이 모여 재능기부를 하는 모임이 늘고 있다. 평생 쌓은 전문성을 사회에 환원하는 것이다. 같은 아파트에 사는 은퇴한 의사가 의료 봉사를 하고 전직 교사가 저소득층 아이들을 가르치며 회계사 출신이 소상공인들의 장부 정리를 돕는다. 각자의 전문성을 살려 사회에 기여하는 것도 의미 있는 이타적 실천이다.

진정한 웰에이징은 단순히 오래 사는 것이 아니라 의미 있게 살아가는 것이다. 나보다 남을 먼저 생각하고 베풀 수 있는 마음의 여유를 가지며 작은 실천으로도 세상에 긍정적인 변화를 만들어내는 것. 이것이야말로 100세 시대를 살아가며 추구해야 할 이타적 삶의 모습이 아닐까.

누구에게나 주어진 시간은 소중한 선물이다. 이 시간을 자신만을 위해 쓰는 것이 아니라 타인과 함께 나누며 살아갈 때 그 가치는 더욱 빛난다. 꽃을 가꾸시던 할머니처럼 각자의 방식으로 세상에 아름다움을 더하는 삶을 살아가고 싶다. 그것이 웰에이징 시대를 사는 작은 바람이자 선택할 수 있는 행복한 삶의 방식이다.

Give & Give 정신

흔히들 'Give and Take'라는 말을 한다. 주고받는 것, 그것이 인간관계의 기본이라고 배워왔다. 100세 시대를 살아가면서 깨달은 것이 있다. 진정한 행복은 'Give and Give' 즉 끊임없이 베풀고 또 베푸는 삶에서 온다는 말이기도 하지만 베풀면 결국

자신도 행복해진다는 의미도 포함된다. 헬퍼스 하이Helper's High
란 말이 있다. 정신의학적 용어로, 말 그대로 도움을 주는 사람
들의 기분이 좋아지는 현상이라고 볼 수 있다.

이 용어는 미국의 내과 의사 앨런 룩스Allan luks의 책 『선행의
치유력』2001에서 최초로 사용하였다. 실험 결과에 따르면 많은
사람이 남을 도우면서 혹은 돕고 난 이후 단순히 정신적인 효과
나 기분만이 아니라 신체적으로도 반응이 일어난다고 한다.

얼마 전 40년 지기 친구와 차를 마시며 이야기를 나눴다. 은
퇴 후 친구는 지역 아동센터에서 아이들을 가르치는 봉사를 하
고 있었다. "받은 만큼 돌려주려고 시작했는데 아이들에게서 오
히려 더 큰 기쁨과 활력을 얻고 있어"라는 친구의 말에서 Give
& Give 정신의 진수를 발견했다.

Give & Give는 단순히 물질적인 것을 주는 것에 그치지 않는
다. 평생 모은 지혜와 경험을 나누고 따뜻한 미소와 위로의 말
한마디를 건네며 때로는 귀 기울여 들어주는 것까지 포함한다.
이 모든 것이 Give & Give 정신의 실천이다. 특히 과거 세대는
인생의 굽이굽이에서 얻은 값진 경험들이 있다. 이것을 나누는
것은 돈으로는 살 수 없는 소중한 선물이 된다.

문영숙 이사장이 맡고 있는 최재형 기념사업회가 있다. 뜻있는
분들이 그곳에 십시일반으로 기부하고 있다. 나도 인연이 닿아 5
년여 전부터 월 단위 기부에 합세하고 있다. 일제 시대 이토 히로
부미를 저격한 안중근은 알면서 최재형은 모른다. 사실 안중근에

게 경제적 도움 등을 준 주인공이 바로 최재형이다. 조그마한 성의가 모아져 뜻깊은 쓰임이 된다면 기쁨이 아니겠는가.

얼마 전 동네 카페에서 본 감동적인 장면도 있다. 칠순의 할머니께서 카페 주인에게 손수 담근 김치를 건네고 계셨다. "젊은 사장님이 늘 커피 한 잔을 정성스레 내려주니 나도 집 김치로 마음을 전하고 싶어"라고 하시는 모습에서 Give & Give 정신이 만들어내는 아름다운 선순환을 보았다.

사실 Give & Give는 노년기에 들어서야 비로소 온전히 실천할 수 있는 특별한 삶의 태도다. 젊었을 때는 경쟁 사회에서 살아남기 위해 어쩔 수 없이 Give and Take의 논리에 매달렸을지 모른다. 이제는 다르다. 시간이라는 여유가 있고 평생 모은 경험이라는 자산이 있으며 무엇보다 마음의 풍요로움이 있다.

Give & Give를 실천하다 보면 놀라운 일이 일어난다. 베풀수록 마음이 더욱 풍요로워지고 나누는 기쁨이 배가 되어 돌아온다. 이웃과 나눈 작은 친절이 따뜻한 정으로 이어지고 후배들과 나눈 조언이 새로운 배움으로 돌아오며 봉사를 통해 만난 인연들이 인생의 새로운 기쁨이 된다.

더욱 중요한 것은 Give & Give 정신이 세대 간의 벽을 허무는 다리가 된다는 점이다. 젊은 세대에게 진심으로 다가가 경험과 지혜를 나누면 그들도 자연스럽게 자신들의 새로운 시각과 에너지를 함께 나누게 된다. 이러한 세대 간의 Give & Give는 사회를 더욱 풍요롭게 만드는 원동력이 된다.

100세 시대의 진정한 행복은 끊임없이 베푸는 삶에서 온다. Give & Give 정신은 단순한 미덕이 아닌 삶을 더욱 풍요롭게 만드는 지혜이자 철학이다. 받기를 기대하지 않고 베풀 수 있는 마음의 여유, 그것이야말로 가장 높은 차원의 행복이 아닐까.

오늘도 Give & Give의 기쁨을 실천하며 살고 싶다. 작은 친절에서 시작해 큰 사랑으로 이어지는 노년을 더욱 빛나게 만들어줄 것이다. 이런 실천이 후세에도 이어져 더불어 사는 아름다운 사회를 만드는 밑거름이 되기를 소망한다.

고독과 외로움 사이

창가에 앉아 커피 한잔을 마시며 바라보는 저녁 노을은 아름답다. 혼자만의 시간, 그 고요함 속에서 나는 오늘도 생각한다. 고독과 외로움, 이 두 감정의 경계를 걷고 있는 삶에 대하여.

사람들은 흔히 고독과 외로움을 같다고 생각한다. 하지만 둘은 다르다. 고독은 자발적인 선택이며 자아를 성찰하고 삶을 돌아볼 수 있는 귀중한 시간이다. 반면 외로움은 원치 않는 단절감, 고립감으로 찾아오는 불편한 감정이다. 100세 시대에 중요한 것은 두 감정 사이에서 균형을 찾는 일이다.

젊었을 때는 혼자만의 시간을 갖기가 쉽지 않았다. 일과 가정에 매여 늘 분주했고 잠시라도 혼자 있으면 무언가 하지 못하고 있다는 불안감에 시달렸다. 나이가 들며 충분한 시간이 주어졌고 이 시간을 어떻게 채울 것인지는 선택이 되었다.

고독의 시간은 특별한 선물이다. 좋아하는 책을 읽거나 음악을 들으며 사색에 잠기고 일기를 쓰거나 그림을 그리는 등 자신만의 취미를 즐길 수 있다. 이런 시간들은 더욱 풍요롭게 만들어준다. 때로는 과거를 돌아보며 깊이 있는 통찰을 얻기도 하고 때로는 미래를 그리며 새로운 꿈을 꾸기도 한다.

이런 고독의 시간이 지나치게 길어지면 어느새 외로움이라는 감정이 스며들기 시작한다. 사람은 사회적 동물이기에 적절한 관계와 소통이 필요하다. 의도적으로 균형을 찾아야 한다. 혼자만의 시간도 소중히 하되 때로는 친구들과 만나 차 한잔을 나누고 가족들과 따뜻한 시간을 보내며 봉사활동이나 취미 모임에 참여하는 등 다양한 방식으로 타인과 교감하는 것이 필요하다. 늘 집 안에만 있기보다 하루에 한 번이라도 햇살을 받으며 나들이하는 것도 좋다.

디지털 시대는 새로운 가능성도 열어주었다. 화상통화로 멀리 있는 가족들과 얼굴을 보며 이야기를 나눌 수 있고 온라인 커뮤니티를 통해 비슷한 관심사를 가진 이들과 소통할 수 있다. 이런 기술은 고독과 외로움 사이에서 더 나은 균형을 찾는 데 도움을 준다.

중요한 것은 자신만의 리듬을 찾는 일이다. 누군가는 하루 중 대부분을 혼자 보내는 것이 편안할 수 있고 또 다른 이에게는 사람들과 함께하는 시간이 더 필요할 수 있다. 정답은 없다. 다만 자신의 마음에 귀 기울여 고독이 주는 평화로움과 관계가 주는 따뜻함 사이에서 자신만의 균형점을 찾아가는 것이 중요하다.

100세 시대의 웰에이징은 고독과 외로움 사이에서 지혜로운 균형을 찾는 길이다. 혼자 있는 시간을 두려워하지 않으면서도 필요할 때 기꺼이 손을 내밀고 관계를 맺을 수 있는 유연함이야 말로 지향해야 할 노년의 모습일 것이다.

창가에 비치는 노을이 서서히 저물어간다. 오늘의 고독은 내 일의 만남을 더욱 풍요롭게 만들어줄 것이다. 내일의 만남은 또 다른 고독의 시간을 더욱 의미 있게 만들어줄 것이다. 고독과 외 로움 사이에서 끊임없이 균형을 찾아가며 더욱 성숙한 노년의 삶을 살아가고 있다.

살아있는 사람들에 대한 최고의 예의

대학교 은사님의 장례식장에 다녀왔다. 그곳에서 많은 조문객 이 고인의 선행을 이야기하고 생전에 베풀었던 사랑을 회상했 다. 문득 이런 생각이 들었다. '왜 죽은 후에야 한 사람의 진가를 이야기하고 마음을 표현할까?' 살아있는 사람들에 대한 최고의 예의는 바로 '지금' 마음을 전하는 것이 아닐까.

장수 시대에 각자에게 주어진 시간은 길어졌다. 소중한 이들과 이별할 기회도 많아졌다. 젊은 시절에는 바쁘다는 핑계로 어색하다는 이유로 혹은 당연히 늘 곁에 있을 거라는 착각으로 미처 전하지 못한 마음들이 있다. 이제는 그 마음을 표현할 줄 아는 지혜가 필요하다.

살아있는 이들에 대한 최고의 예의는 의외로 단순하다. 진심 어린 감사의 말 한마디, 따뜻한 눈빛의 마주침, 잠깐의 시간을 내어 나누는 차 한잔의 대화. 이런 작은 실천들이 모여 삶을 더욱 풍요롭게 만든다. "어머니, 늘 감사합니다"라는 말 한마디, "당신이 있어 행복해요"라는 배우자를 향한 진심 어린 고백, "네가 자랑스럽구나"라는 자녀들을 향한 응원의 말. 이런 표현들이 살아있는 사람들에 대한 최고의 예의이다.

특히 베이비부머 세대는 감정 표현에 서툰 편이다. 어려운 시절을 겪으며 생존이 우선이었고 감정을 드러내는 것을 불필요한 사치로 여기며 살아왔다. 이제는 달라져야 한다. 마음속 깊이 간직하고만 있던 감사와 사랑을 표현하는 것을 배워야 한다.

나는 매일 5km 걷기를 생활화한다. 산책길에서 만난 노부부의 모습이 인상 깊었다. 팔십이 넘은 연세에도 함께 걸으며 서로를 향한 배려와 감사를 자연스럽게 표현하는 모습이었다. "여보, 오늘도 함께 걸을 수 있어 행복해요"라는 말을 주고받는 모습에서 진정한 예의가 무엇인지를 배웠다. 특히 가장 가까운 이들에게 종종 이런 기본적인 예의를 잊고 산다. 가깝기에 오히려 더 소홀해지는 것이 인지상정이지만 그래서 더욱 의식적인 노력이 필요하다.

디지털 시대는 더 많은 소통의 기회를 제공한다. 멀리 있는 가족과 친구들에게 수시로 안부를 전하고 SNS를 통해 서로의 일상을 공유하며 영상통화로 얼굴을 마주보며 대화할 수 있다. 이런 기술의 발전을 마음을 전하는 도구로 활용하는 것도 현대적 예의의 한 형태일 것이다.

삶은 예고 없이 찾아오는 이별로 가득하다. 그래서 '지금 이 순간'이 더욱 소중하다. 살아있는 사람들에 대한 최고의 예의는 '바로 이 순간'의 소중함을 알고 표현하는 데 있다. 후회 없는 삶을 살기 위해 오늘도 주변의 소중한 이들에게 마음을 전하는 작은 용기를 내보면 어떨까.

남은 시간은 선물이다. 이 선물을 더욱 의미 있게 만드는 것은 함께하는 이들과의 관계다. 그들이 곁에 있을 때 진심을 담아 마음을 전하는 것. 그것이야말로 살아있는 사람들에 대한 최고의 예의이며 100세 시대를 살며 실천해야 할 가장 아름다운 삶의 태도이리라.

아비투스Habitus 계단 오르기

프랑스의 사회학자 피에르 부르디외가 말한 '아비투스'는 한 개인의 습관이나 성향을 의미한다. 100세 시대를 살아가는 데 필요한 아비투스는 무엇일까? 그중 '지갑은 열고 입은 닫는' 태도야말로 갖추어야 할 가장 품격 있는 삶의 자세라고 생각한다.

나는 한 달에 한 번 중장거리를 걷는 트레킹을 한다. '3060트레킹 클럽' 회원 중 한 분은 늘 조용히 계산대로 가 식사값을 계산하곤 하신다. 그뿐이 아니다. 미얀마 유학생을 돕는 '코미희망장학회'에 장학금을 선뜻 내놓으셔서 주변을 놀라게 한다. 그분의 베풂에서 진정한 아비투스의 의미를 발견한다.

'지갑은 열고'라는 말은 단순히 물질적인 나눔만을 의미하지 않는다. 시간을 내어주고 관심을 나누며 마음을 열어 타인을 이해하는 것까지 포함한다. 특히 지난 세대는 전쟁과 가난을 겪으며 모든 것이 귀하던 시절을 살아왔다. 그래서 더욱 잘 안다. 나눔의 가치가 얼마나 소중한지 작은 도움의 손길이 얼마나 큰 위로가 되는지를 말이다.

반면 '입은 닫기'는 겸손과 절제의 미덕을 말한다. 베풀었다고 해서 그것을 자랑하지 않고 도움을 주고도 입에 올리지 않으며 불필요한 참견이나 조언을 삼가는 것. 이는 타인의 자존심을 지켜주는 가장 우아한 방식이다. 삶의 지혜는 말을 더하는 것이 아닌 빼는 것에서 시작된다.

어른들은 종종 자녀들에게 이런저런 조언을 하고 싶은 마음이 간절하다. 때로는 침묵하는 것이 더 큰 사랑일 수 있다. 대신 필요할 때 조용히 손을 내밀어 돕고 그들이 원할 때 기꺼이 지갑을 여는 것. 그것이 진정한 부모의 사랑이자 어른의 품격이다.

아비투스는 하루아침에 형성되지 않는다. 오랜 시간 동안의 실천과 성찰을 통해 자연스럽게 몸에 베어야 한다. 지하철에서 자리를 양보하면서도 눈길을 피하는 것, 이웃의 경조사에 조용히 축의금을 전하고 먼저 자리를 비우는 것, 봉사활동을 하면서도 그것을 SNS에 올리지 않는 것. 작은 실천들이 모여 아비투스를 만들어간다.

특히 디지털 시대에는 '입 닫기'의 미덕이 더욱 중요해졌다. 손쉽게 SNS에 일상을 공유하고 자신의 선행을 알리는 것이 당연해진 시대다. 진정한 품격은 나눔과 베품을 자랑하지 않는 데서 온다. 침묵 속의 실천, 그것이야말로 지향해야 할 품격이다.

100세 시대의 웰에이징은 단순히 오래 사는 것이 아니라 품격 있게 사는 것을 의미한다. '지갑은 열고 입은 닫는' 아비투스야말로 이 시대가 필요로 하는 노년의 지혜다. 조용히 실천하는 나눔과 배려는 후손들에게 물려줄 수 있는 가장 아름다운 유산이 될 것이다.

오늘도 지갑은 열되 입은 다물며 살아야겠다. 그게 내가 선택할 수 있는 품격의 방식이며, 100세 시대를 사는 아비투스 계단 오르기가 아닐까. 이런 실천이 사회를 더욱 따뜻하게 만드는 작은 씨앗이 되기를 그리고 후세에 전해질 아름다운 문화가 되기를 소망한다.

2장

장례식의 혁명이
이루어지려면

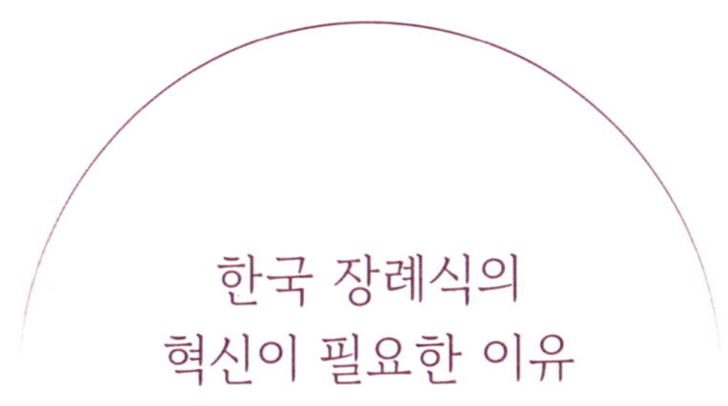

한국 장례식의
혁신이 필요한 이유

웰 엔딩Well ending 박람회

2023년 제9회를 맞이한 일본의 웰 엔딩 박람회장을 찾았다. '종활終活, 슈우캇쓰'이라 부르는 이 행사는 해마다 열린다. 삶의 마무리를 준비하는 일본의 독특한 문화를 보여주는 장이다. 처음에는 다소 무거운 주제라 망설였지만 전시장에 들어서자 예상과는 달리 밝고 따뜻한 분위기가 느껴졌다.

박람회를 통해 현대 일본의 장례 문화가 점점 간소화되고 디지털화되어 가는 것을 실감할 수 있었다. 장례 문화는 단순히 의식을 치르는 것을 넘어 산 자와 죽은 자의 중요한 연결고리다. 이 연결고리를 통해 고인을 애도하고 추모하며 효 사상을 고취시키고 동시에 자신의 살아온 생을 돌아보는 기회를 갖게 된다.

2023년, 제9회를 맞이한 일본의 웰 엔딩 박람회장

성층권에서 터지는 대형 '유골 풍선'

전시장 곳곳에는 일본 전국의 장례 관련 회사들이 각종 제품을 선보이고 있었다. 초고령화로 인한 다사多死 사회인 일본에서는 장지 부족 문제가 심각하다. 이에 대한 창의적인 해결책들이 눈길을 끌었다. 그중에서도 가장 인상적이었던 것은 '풍선장風船葬' 코너였다. 화장한 유골을 풍선에 넣어 하늘로 띄워보내는 이 의식은 일명 '우주장'이라고도 부른다. 유골이 담긴 풍선은 땅에서 40~50km 떨어진 성층권에서 기압 차에 의해 터진다고 한다.

또 다른 특별한 장례 방식으로는 고인의 유골을 열처리해 반지나 목걸이 등 유골 보석을 만드는 서비스도 있었다. 현대인의 감성과 추모의 의미를 절묘하게 결합한 이러한 시도들이 인상적이었다. 특히 최근 반려동물을 가족처럼 여기는 문화가 확산되면서, 애견 장례 서비스도 사람의 장례식과 거의 흡사한 수준으로 제공되고 있었다.

디지털 시대의 흐름을 반영하는 서비스도 눈에 띄었다. '라스텔Lastel'로 불리는 고급 시신안치 냉장고는 '라스트 호텔Last Hotel'이라는 의미다. 인간의 존엄성을 지키며 이승에서의 마지막을 가족들과 함께할 수 있게 해준다. 전통 장례를 위생적이고 과학적으로 발전시킨 좋은 예시였다. 또한 고인의 생전 기록을 QR 코드에 담아 언제든 고인을 추억할 수 있

라스텔Lastel

게 하는 서비스도 제공되고 있었다.

특히 주목할 만한 것은 '디지털 장의사'라는 새로운 직업의 등장이다. 이들은 고인의 SNS 계정이나 디지털 기록들을 정리해주는 역할을 한다. 또한 사전 장례식이나 생전 유품 정리 서비스도 큰 관심을 받고 있었다.

전시장의 한쪽에는 '엔딩노트' 작성 워크숍이 진행되고 있었다. 이는 단순한 유언장이 아닌 자신의 인생을 돌아보고 소중한 이들에게 전하고 싶은 마지막 메시지를 담는 노트다. 워크숍 참가자들은 진지한 표정으로 펜을 움직이고 있었고 때로는 미소를 지으며 과거를 회상하는 모습도 보였다.

박람회를 둘러보며 가장 크게 느낀 것은 죽음을 터부시하지 않고 삶의 자연스러운 마무리로 받아들이는 일본 문화의 성숙함이었다. 젊은 세대들도 참여하여 미래를 계획하는 모습은 인상적이었다. 이들에게 '웰 엔딩'은 단순히 죽음을 준비하는 것이 아닌 남은 삶을 더욱 의미 있게 만들어가는 과정으로 받아들여지고 있었다.

전시장을 나서며 우리나라에서도 이런 문화가 자리 잡기를 바라는 마음이 들었다. 죽음을 준비한다는 것은 결국 현재의 삶을 더욱 소중히 여기고 의미 있게 살고자 하는 의지의 표현이 아닐까. 이 박람회 방문은 내게 삶과 죽음에 대한 새로운 시각과 함께 웰빙을 잘해야겠다는 생각이 들었다.

순서가 뒤바뀐 장례식, 산 자와 죽은 자

현대 한국의 장례 문화는 오랜 역사와 전통을 가지고 있다. 하지만 급격한 사회 변화 속에서 의미와 방식에 대한 재고가 필요한 시점이다. 특히 죽은 자를 위한 의식으로만 여겨지던 장례식이 산 자를 위한 그리고 산 자에 의한 의식으로 변모하는 현상이 두드러지고 있다. 이런 현상은 '순서가 뒤바뀐 장례식'이라는 개념으로 설명할 수 있다.

전통적인 장례식은 고인의 죽음을 애도하고 영혼을 저승으로 보내는 의식이었다. 유교적 전통에 기반한 삼년상三年喪과 같은 엄격한 절차가 있었다. 고인에 대한 예우와 효孝의 표현이었다. 현대에 이르러 장례식은 점차 고인보다 남겨진 가족과 주변인들을 위한 의식으로 변화하고 있다. 특히 도시화, 핵가족화, 개인주의의 확산으로 인해 전통적인 의미가 약화되면서 형식적이고 간소화된 장례 문화가 자리 잡게 되었다.

변화의 중심에는 장례식의 주체가 '죽은 자'에서 '산 자'로 이동하는 현상이 있다. 장례식이 더는 고인의 영혼을 위로하기 위한 것이 아니라 남겨진 이들의 상실감을 치유하고 사회적 관계를 재확인하는 자리로 변모했다. 종교적 의미보다 심리적, 사회적 의미가 강조되는 현대적 장례 문화의 특징이다.

최근에는 고인의 삶과 가치관을 존중하는 새로운 장례 문화가 등장하고 있다. '생전 장례식'이나 '미리 장례식'과 같은 개념은

산 자와 죽은 자의 경계를 허물고 자신의 삶을 스스로 정리하고 의미를 부여하는 기회를 제공한다. 이는 죽음을 맞이하는 당사자가 자신의 삶을 성찰하고 주변 사람들과 진정한 소통과 화해의 시간을 갖게 한다는 점에서 의미가 있다.

디지털 기술의 발전으로 '디지털 장례식'이나 '온라인 추모공간'과 같은 새로운 형태의 장례 문화도 등장하고 있다. 시공간의 제약을 넘어 더 많은 사람들이 고인을 추모하고 기억을 공유할 수 있는 기회를 제공한다. 장례식이 더는 일회성 의식이 아니라 지속적인 추모와 기억의 과정으로 확장되고 있다.

순서가 뒤바뀐 장례식 문화의 진정한 혁신은 '죽은 자를 위한 의식'과 '산 자를 위한 위로'라는 두 가지 측면을 균형 있게 조화시키는 데 있다. 고인의 삶과 가치관을 존중하고 유지를 이어가는 동시에 남겨진 이들이 상실의 아픔을 극복하고 새로운 삶을 살아갈 수 있도록 지원하는 문화가 필요하다. 이를 위해서는 죽음에 대한 사회적 담론을 활성화해야 한다. 개인의 삶과 죽음에 대한 자기결정권을 존중하는 사회적 환경이 조성되어야 한다.

결국 장례식의 혁신은 산 자와 죽은 자 사이의 경계를 허물고 삶과 죽음을 연속선상에서 바라보는 새로운 관점에서 시작된다. 장례식이 단순히 죽음을 맞이한 이를 보내는 의식이 아니라 그의 삶을 기억하고 추도하며 남겨진 이들에게 새로운 시작을 알리는 의미 있는 전환점이 되기를 기대한다.

선진국에 걸맞은 장례 문화 필요

현대 우리 사회는 급속한 경제 발전을 이루며 다양한 분야에서 선진국 대열에 합류했다. 장례 문화에 있어서는 여전히 전통과 형식에 얽매여 있는 모습을 보인다. 다행히 최근 '웰다잉 Welldying'이라는 개념이 대두되면서 죽음에 대한 인식과 장례 문화에도 변화의 바람이 불고 있다. 선진국에 걸맞은 장례 문화란 단순히 형식적이고 화려한 의식이 아니라 고인의 삶과 가치관을 존중하고 개인의 선택권을 보장하는 문화를 의미한다.

전통적으로 한국의 장례식은 가족이나 사회적 관례에 따라 일률적으로 진행되었다. 심지어 고인의 의사와는 상관없이 유족들의 체면이니 시회적 지위에 맞추어 장례의 규모와 형식이 결정되는 경우가 많았다. 이제는 죽음도 삶의 연장선상에서 자신이 주체적으로 결정할 수 있는 영역으로 인식이 변화하고 있다.

선진국들의 장례 문화를 살펴보면 개인의 선택권과 다양성을 존중하는 경향이 뚜렷하다. 예를 들어 스웨덴이나 덴마크 같은 북유럽 국가들에서는 자연장이나 생태장과 같은 환경 친화적인 장례 방식이 보편화되어 있다. 영국이나 미국에서는 개인의 취향과 생전 모습을 반영한 테마 장례식이 늘고 있다. 일본에서는 '종활終活'이라는 개념 아래 자신의 삶을 정리하고 죽음을 준비하는 문화가 확산되고 있다.

한국도 이제 선진국에 걸맞은 장례 문화로 발전해 나가기 위해서는 몇 가지 변화가 필요하다.

첫째, 죽음에 대한 열린 대화와 교육이 이루어져야 한다. 죽음을 터부시하고 회피하는 문화에서 벗어나 삶의 자연스러운 일부로 받아들이고 준비할 수 있는 사회적 분위기가 조성되어야 한다.

둘째, 장례에 대한 개인의 선택권이 보장되어야 한다. 사전장례의향서와 같은 제도가 더욱 활성화되고 이를 존중하는 가족 합의가 이루어져야 한다. 우리나라도 사전장례의향서 제도가 있다. 이는 자신이 생전에 원하는 장례 방식, 규모, 예식 내용, 시신 처리 방식매장·화장 등, 부고·부의금·조화·수의 등 다양한 부분을 문서로 미리 명확하게 기록해 두는 제도다. 최근 보건복지부 등 정부기관과 웰다잉 관련 단체들이 사전장례의향서의 필요성을 알리고 작성 확산을 장려한다. 공식적으로 정책 간담회에서 '사전연명의료의향서'와 함께 '사전장례의향서'를 직접 작성하고 설명하는 등 웰다잉 문화의 한 부분으로 인식되고 있다.

셋째, 다양한 장례 방식에 대한 인프라와 서비스가 확충되어야 한다. 화장과 매장 외에도 자연장, 수목장, 우주장 등 다양한 선택지가 제공되어야 하며 이에 대한 정보와 접근성이 보장되어야 한다.

넷째, 장례와 관련된 경제적 부담을 경감시키는 방안이 마련되어야 한다. 장례비용의 투명성을 높이고 불필요한 의식이나 서비스를 줄여 실질적이고 의미 있는 장례가 가능하도록 해야 한다.

다섯째, 디지털 시대에 맞는 추모 문화가 발전해야 한다. 온라인 추모공간이나 디지털 유산 관리 서비스 등 시공간의 제약을 넘어 고인을 기억하고 추모할 수 있는 새로운 방식이 도입되어야 한다.

사전장례의향서를 통해 자신의 마지막을 스스로 결정함으로써 장례식의 주체가 될 뿐만 아니라 마지막까지 자신의 삶의 주체가 될 수 있다. 이야말로 진정한 의미의 웰다잉이며 선진국에 걸맞은 장례 문화의 핵심이다. 죽음을 삶의 자연스러운 일부로 받아들이고 개인의 존엄성과 선택권을 존중하는 성숙한 장례 문화를 발전시켜 나가기를 기대한다.

MZ세대의 의식과 애 안 낳는 나라

우리 사회의 가장 뚜렷한 변화 중 하나는 밀레니얼 세대와 Z세대를 아우르는 MZ세대의 등장과 초저출산 현상이다. 이 두 가지 현상은 단순한 인구학적 변화를 넘어 사회 전반의 가치관과 문화적 변화를 이끌고 있다. 이는 장례 문화의 혁신 필요성으로 이어지고 있다.

MZ세대는 1980년대 초반부터 2000년대 초반 사이에 태어난 세대다. 디지털 환경에 익숙하고 개인의 자유와 행복을 중시하는 특성을 가지고 있다. 이들은 기성세대와는 다른 가치관과

라이프스타일을 추구한다. 이전 세대가 당연시 여겼던 많은 관습과 전통에 의문을 제기한다. 특히 결혼, 출산, 가족 형성과 같은 생애 주기에 대한 인식이 크게 달라졌다. 이는 사회 구조와 문화에 광범위한 영향을 미치고 있다.

MZ세대의 가치관 변화는 초저출산 현상과 밀접하게 연관되어 있다. 2023년 한국의 합계출산율은 0.72명이다. 세계에서 가장 낮은 수준을 기록했다. 이는 경제협력개발기구OECD 평균인 1.6명의 절반에도 미치지 못하는 수치다. 인구 대체율인 2.1명에 크게 못 미치는 심각한 상황이다.

MZ세대는 장례 문화에 있어서도 새로운 관점을 가지고 있다. 이들은 형식적이고 복잡한 의례보다는 개인의 삶을 반영하고 의미 있게 기억할 수 있는 방식을 선호한다. 또한 환경에 대한 의식이 높아 친환경적인 장례 방식에 관심을 갖는 경향이 있다. 디지털 기술에 익숙한 세대로서 온라인 추모공간이나 디지털 유산 관리와 같은 새로운 개념에도 열려 있다.

초저출산과 고령화는 장기적으로 장례 문화의 지속 가능성에도 영향을 미친다. 출산율 감소로 인한 인구 감소는 필연적으로 가족 규모의 축소로 이어진다. 이는 전통적인 가족 중심의 장례 의식을 유지하기 어렵게 만든다. 또한 고령화로 인해 고령자가 고령자의 장례를 책임져야 하는 상황이 늘어나면서 장례 절차의 간소화와 전문화된 서비스의 필요성이 커지고 있다. 더불어 가족 구성의 다양화는 전통적인 가족 중심의 장례 문화가 포괄

하지 못하는 새로운 상황들을 만들어내고 있다.

궁극적으로 장례 문화의 혁신은 단순히 의식이나 형식의 변화가 아니라 삶과 죽음에 대한 이해와 태도를 반영하는 것이다. MZ세대의 목소리에 귀 기울이고 초저출산 사회의 현실을 직시하면서 더 포용적이고 지속 가능한 장례 문화를 발전시켜 나가는 것이 중요하다.

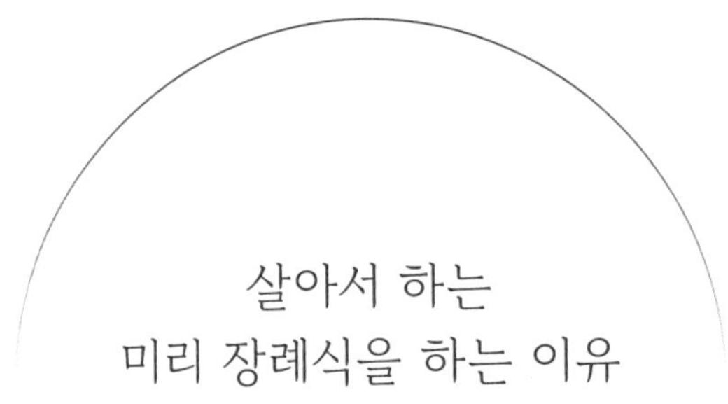

살아서 하는
미리 장례식을 하는 이유

건강할 때 아름다운 이별을 해야

죽음은 누구에게나 찾아오는 인생의 마지막 장이다. 대부분의 사람들은 이에 대해 이야기하기를 꺼린다. 특히 죽음에 관한 이야기를 금기시하는 문화적 배경으로 인해 죽음 준비가 미흡한 경우가 많다. 최근 전 세계적으로 죽음에 대한 새로운 접근법이 등장하고 있다. 바로 '살아서 하는 미리 장례식'이다.

일본에서는 '슈카쓰終活'로 불리는 인생 마무리 활동이 2010년대부터 활발하게 이루어지고 있다. 단순한 문화 현상을 넘어 연간 5조 엔약 54조 원의 시장 규모를 가진 거대한 산업으로 성장했다. 일본인들은 체력과 정신이 온전할 때 장례를 어떻게 치르고, 재산 상속을 어찌할지 미리 정하거나, 연명 치료 여부를 결정해 두는 것을 자연스럽게 받아들이고 있다.

이런 문화는 서구에서도 확산되고 있다. 세계적인 회계법인 KPMG의 CEO였던 유진 오켈리는 53세에 뇌종양 진단을 받고 석 달밖에 살지 못한다는 선고를 받았을 때 이를 '축복'으로 받아들였다. 유진 오켈리는 갑작스러운 죽음이 아니라 미리 준비할 시간이 주어진 것에 감사하며 마지막 100일을 의미 있게 계획했다. 사랑하는 사람들과 추억이 있는 장소에서 만남을 가지고 전화로 마지막 인사를 나누었다. 그의 경험은 『Chasing Daylight』라는 책으로 출간되어 많은 이에게 영감을 주었다.

한국에서도 이런 움직임이 시작되고 있다. 서경대학교 서길수 전 교수는 2009년 정년퇴직 후 강원도 산사에서 3년간 죽음을 공부했다. 그는 '죽음이란 익은 과일이 떨어지는 것'이라는 철학을 바탕으로 '제 장례식에 초대합니다'라는 문구의 부고를 보내 '살아서 하는 장례식과 출판기념회'를 여러 차례 열었다. 서 교수의 초대장에는 '죽은 뒤 찾아오는 사람들이 무슨 의미가 있는가? 내가 살아서 조문 온 사람들을 직접 만나보고 맛있는 것 먹으며 가는 게 좋겠다'라는 진솔한 마음이 담겨 있었다.

서 교수는 "책을 펴낼 때마다 장례식 겸 출판기념회를 하기로 했다"라며 "앞으로 내 장례식을 몇 번 더 치를지 나도 궁금하다"라고 했다. 실제로 그는 네 번째 생전 장례식2023년 6월 기준을 열었으며, 새로운 책을 출간할 때마다 스스로 장례식을 열기로 한 것으로 알려져 있다. 자세한 내용은 뒤에서 좀 더 설명하겠다.

한국형 사전 장례식의 한 방법으로 자서전이나 평소 쓰고 싶었던 책을 출간하고 그 기념회를 개최하는 방식이 제안되고 있다. 디지털 AI 기술의 발달로 컴퓨터나 스마트폰에 익숙하지 않은 시니어들도 인공지능 기능을 활용해 말하거나 사진을 찍는 것만으로도 글을 남길 수 있게 되었다. 건강 상태가 급격히 나빠지는 경우에는 '영상 자서전'도 좋은 대안이 될 수 있다.

출간 기념회는 팔순이나 미수88세 등 특별한 생일을 기념하여 준비하면 더욱 의미가 깊다. 이때 보고 싶은 사람, 사랑하는 사람, 지인들을 모두 초대하여 자신이 원하는 방식으로 축제와 같은 세리머니를 진행하고 실제 장례식은 조촐한 가족장으로 치르는 것이다. 행사 장면을 촬영하여 QR코드로 책에 넣거나 나중에 묘비석에 부착하면 방문할 때마다 고인의 생전 모습을 생생하게 볼 수도 있다.

전 세계 65세 이상 인구 비율이 높아지면서 '다사多死 사회'가 도래하고 있다. 2023년 한국의 기대수명은 83.5년으로 OECD 평균보다 높다. 오래 사는 만큼 어떻게 마무리할 것인가에 대한 관심도 커지고 있다. 죽음을 두려워하며 숨기려 하기보다는 자연스러운 삶의 과정으로 받아들이고 준비하는 문화가 필요한 시점이다.

인생은 살아있는 것 자체가 축제다. 천상병 시인이 말했듯이 삶이란 잠시 '소풍 다녀오는 과정'일지도 모른다. 그렇다면 소풍의 마지막 순간에, 건강할 때 사랑하는 이들과 아름다운 이별을 나누는 것은 의미 있는 선택이 아닐까? 살아서 하는 미리 장례식은 죽음을 준비하는 것이 아니라 남은 삶을 더욱 충실하게 살기 위한 출발점이 될 수 있다. 미리 준비하는 작별은 슬픔이 아닌 감사와 축복의 시간이 되어 진정한 웰다잉의 의미를 알려준다.

100세 시대 웰다잉과 웰빙을 위한 계기 마련

아이를 다 키우고 갱년기를 맞은 어느 날 아침 거울 앞에 선 내 모습이 낯설었다. 언제부턴가 깊어진 주름과 하얀 머리카락이 시간의 흔적을 말해주고 있었다. '아, 나도 이제 100세 시대를 살아가는 한 사람이구나'라는 생각이 들었다. 단순히 오래 사는 것이 축복일까 아니면 어떻게 사는지가 더 중요할까.

하버드 대학교가 75년간 추적한 연구 결과는 의외로 단순했다. 행복한 삶의 비결은 바로 '사랑이 있는 좋은 관계'였다. 돈도, 명예도, 건강도 아닌 사람과 사람 사이의 따뜻한 마음이었다. 어머니가 끓여주신 된장찌개 한 그릇 같은 소박하지만 진짜 중요한 것 말이다.

죽음을 앞둔 사람들의 후회를 들어보면 더욱 명확해진다. '내가 원하는 삶을 살았더라면', '친구들과 계속 연락하고 지냈더라면', '내 감정을 솔직하게 표현할 용기가 있었더라면' 등 결국 모든 후회는 관계와 진정성으로 귀결된다.

최근 들어 많이 달라지고 있다. 존엄사법이 제정되고 사전연명의료의향서를 작성하는 사람들이 늘고 있다. 죽음에 대해 이야기하는 것이 더는 금기가 아니다. 이어령 선생님이 암 투병 중에도 '마지막 수업'을 통해 보여주신 모습처럼 죽음을 회피하지 않고 정면으로 마주할 때 오히려 삶이 더욱 빛난다는 것을 배운다.

'메멘토 모리', 죽음을 기억하라는 말이 있다. 처음엔 무섭게 느껴지지만 사실 이보다 더 삶을 사랑하게 만드는 말도 없다. '오늘이 마지막이라면 무엇을 할까?', '누구에게 고마움을 전할까?', '어떤 말을 남기고 싶을까?'와 같은 질문들이 삶의 우선순위를 명확하게 해준다.

아침에 눈을 뜰 때 '살아있음'에 감사하고 밤에는 하루를 성찰하며 마무리하는 일상의 작은 실천들. 가족과의 따뜻한 대화, 친구에게 보내는 안부 인사, 이웃에게 건네는 미소…, 이 모든 것이 웰빙이자 동시에 웰다잉의 준비이다.

'살아서 하는 미리 장례식'이라는 아이디어가 더욱 특별하게 다가온다. 자신의 삶을 돌아보며 자서전을 쓰고 고마웠던 사람들과 마음을 나누는 출판기념회. 죽음을 위한 준비가 아니라 더 의미 있는 삶을 위한 축제다.

100세 시대 각자에게 주어진 이 긴 시간을 어떻게 채워갈 것인가. 슬픔과 아쉬움으로 마무리하는 대신 감사와 축복으로 살아가는 새로운 문화를 만들어보자. 죽음을 당하는 것이 아니라 맞이하는 자세로 매일을 선물처럼 소중히 여기며 살아가는 것. 그것이 바로 100세 시대의 진정한 선물이 아닐까.

생전 버킷 리스트의 실현

영화관에서 〈버킷 리스트〉를 보고 나올 때의 그 묘한 기분을 아직도 기억한다. 잭 니콜슨과 모건 프리먼이 죽음 앞에서 보여 준 당당함이 부러웠다. 한편으로는 왜 굳이 죽음을 맞아서야 자신이 하고 싶은 일들을 시작하는 걸까 하는 아쉬움이 들었다.

그 후 '버킷 리스트'라는 말이 일상에 자연스럽게 스며들었다. 처음엔 '죽기 전에 해야 할 일'이라는 무거운 의미였지만 어느새 '살아있는 동안 꼭 해보고 싶은 일'이라는 좀 더 밝은 뜻으로 바뀌었다. 100세 시대라는 말이 실감 나는 요즘이니 충분한 시간이 있지 않은가.

디지털책쓰기 2대학 소속의 정 회장의 이야기가 인상 깊었다. 예순여덟에 전립선암 진단을 받으신 후 버킷 리스트를 쓰기 시작했다고 한다. 가장 먼저 적은 것이 '30년간 연락이 끊긴 고등학교 친구 찾기'였다. SNS라는 것도 처음 배우시면서 6개월 만에 친구를 찾으셨다. "그 친구와 다시 만나 술 한잔하며 옛날 오해를 풀 때 내가 왜 이렇게 오래 미뤘나 싶더라고." 정 회장의 눈가에 스치는 미소가 따뜻했다.

9대학 소속의 부산에 사는 김 여사의 이야기도 마음에 남는다. 바다가 무서워 평생 배를 한 번도 타본 적이 없으셨는데 칠십이 되어서야 '바다 건너기'를 버킷리스트에 올리셨다. 제주도 가는 페리에서 처음에는 너무 무서워 객실에만 계셨지만 세 번째 여행에서는 갑판에 나가 바람을 맞으며 바다를 바라봤다고 하셨다. "평생 나를 가둔 공포가 생각보다 작더라"라는 말씀이 묘하게 울림을 준다.

주변을 둘러보면 이런 작은 용기의 이야기들이 많다. 동네 노인복지관의 '버킷 리스트 클럽'에서는 회원들이 서로의 꿈을 도와준다. 기타를 배우고 싶은 분이 있으면 젊은 시절 기타를 쳤던 분이 가르쳐주고, 처음 스마트폰을 배우고 싶은 분이 있으면 먼저 배운 분이 옆에서 차근차근 알려준다. 혼자서는 엄두도 못 낼 일들이 함께하면 가능해진다는 것을 보여주는 작은 기적들이다.

생각해 보면 버킷 리스트는 꿈의 목록이라기보다 용기의 기록이다. 가족과의 화해, 새로운 취미 배우기, 여행하기 같은 소소한 것들이다. 그 하나하나를 실현하려면 용기가 필요하다. 나이 들어 새로운 것을 시작한다는 것, 자존심을 내려놓고 도움을 요청한다는 것, 실패할 수도 있다는 두려움을 이겨낸다는 것 등은 높은 가치관의 표현이다.

요즘 점차 관심이 높아지고 있는 '생전 장례식'도 이런 맥락으로 이해할 수 있으리라. 죽음을 생각하면서 역설적으로 더 열심히 살게 되는 것. 어차피 언젠가는 떠날 것이라면 지금 이 순간을 더 소중히 여기게 되는 것. 9대학의 91세 김순자 여사는 "내년에 죽을지도 모른다는 생각으로 1년을 살았더니 지난 10년보다 더 열심히 살게 되었다"라고 하셨다.

버킷 리스트의 진짜 의미는 목록을 완성하는 것이 아니라 그 과정에서 자신의 인생을 다시 바라보게 되는 것 아닐까. 무엇을 정말 하고 싶은지, 누구를 사랑하는지, 어떤 의미로 살아가고 있는지를 돌아보게 해주는 거울 같은 존재. 버킷리스트는 단순한 할 일 목록이 아니라 내 인생의 소중한 페이지들을 채워가는 이야기가 되는 것이다.

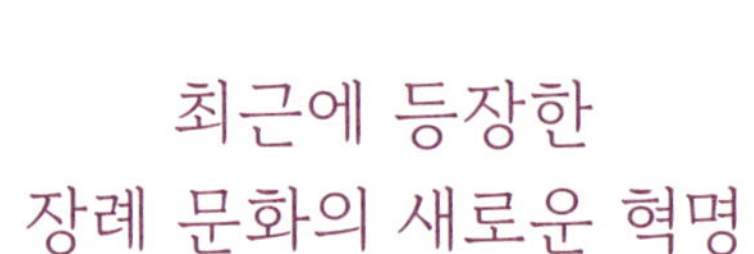

유골을 귀금속으로

몇 년 전 경기도의 유골보석 대표기업 '메모리안'이라는 업체를 방문했을 때의 기억이 아직도 생생하다. 유골을 귀금속으로 만드는 회사였다. 전시실에 들어서는 순간 숨이 막혔다. 고인의 유골로 만든 귀걸이, 목걸이, 액자, 반지들이 조용히 빛나고 있었다. 각각의 보석 뒤에는 한 사람의 인생이 담겨 있다는 생각에 경건한 마음마저 들었다. 그 순간 문득 '앞으로 내 경우는 어떨까'를 상상해 보게 되었다. 내 유골이 작은 다이아몬드가 되어 가족들 곁에 남아있을 수도 있겠구나 하는 생각에 묘한 감정이 일었다.

현대 과학 기술의 발전은 삶뿐만 아니라 죽음을 대하는 방식까지도 변화시키고 있다. 화장된 유골을 다이아몬드로 만드는 기술은 2003년 스위스의 알고다나Algordanza사에서 처음 시작되어 전 세계로 확산되었다. 한국에서도 '블루핸즈', '에덴다이아몬드', '티피스톤' 등의 업체가 이런 서비스를 제공하면서 새로운 추모 문화로 자리 잡고 있다.

그날 업체 관계자의 설명을 들으며 과학적 원리에 놀랐다. 인체의 주요 구성 성분인 탄소가 화장 후에도 유골 속에 남아있단다. 이를 추출하여 1,500도 이상의 고온과 5만 기압 이상의 고압으로 처리하면 다이아몬드가 된다고 했다. 자연계에서 수백만 년에 걸쳐 일어나는 과정을 수개월 내에 완성하는 기술적 경이로움이었다.

전시실에서 만난 한 작품이 특히 기억에 남는다. 푸른빛이 도는 작은 다이아몬드가 세팅된 반지였다. 설명을 보니 남편을 먼

유골 보석함

저 떠나보낸 부인이 제작한 것이었다. "평생 함께했으니 이제라도 곁에 있고 싶어서"라는 짧은 글귀가 적혀 있었다. 그 순간 추모의 형태가 얼마나 다양하고 개인적일 수 있는지를 깨달았다.

유골 다이아몬드의 가장 신기한 점은 고인마다 고유한 색상을 가진다는 것이다. 유골에 포함된 붕소나 질소 같은 미량 원소들의 영향으로 무색부터 푸른빛, 노란빛까지 다양한 색상으로 완성된다. 고인의 다채로운 삶을 담아내듯 각기 다른 빛깔로 탄생하는 모습이 신비로웠다. 보석의 크기는 보통 0.3캐럿에서 2캐럿 사이로 제작되며 한국에서는 0.5캐럿 이하가 가장 많이 선택된다고 했다.

그곳에서 만난 또 다른 사례는 딸을 먼저 떠나보낸 어머니의 이야기였다. 스무 살에 교통사고로 세상을 떠난 딸의 유골로 목걸이를 만들어 늘 목에 걸고 다닌다고 했다. "이제 딸이 엄마를 떠나지 않아요"라는 말씀에서 슬픔과 위안이 동시에 느껴졌다. 이런 모습들을 보며 추모 문화가 얼마나 개인적이고 의미 있는 방향으로 진화하고 있는지를 실감했다.

2025년 5월 기준, 우리나라의 화장률은 94.5%다. 화장률이 90%를 넘어서면서 새로운 추모 문화에 대한 관심이 높아지고 있다. 핵가족화와 1인 가구의 증가로 추모 문화가 개인화되고 있다. 이동이 잦은 현대인에게는 장소에 구애받지 않는 추모 방식의 필요성이 커지고 있어서다. 디지털 시대에 물리적으로 만지고 느낄 수 있는 추억의 매개체는 더욱 소중하게 다가온다.

물론 이러한 방식이 모든 이에게 적합한 것은 아니다. 제작 비용이 500만 원에서 2,000만 원 정도로 상당히 높고 완성까지 4개월에서 8개월이 소요된다. 또한 한국에서는 장사 등에 관한 법률에 따라 관할 구청에 신고하고 허가를 받아야 한다는 법적 절차도 있다.

그날 업체를 나서며 든 생각은 죽음에 대한 인식이 정말 많이 변했다는 것이었다. 이제 더는 죽음을 금기시하거나 회피하지 않고 개인의 선택과 의미를 중시하는 방향으로 발전하고 있었다. 내가 본 작은 다이아몬드들은 단순한 보석이 아니라 한 인생의 빛나는 순간들을 담은 영원한 기억의 매개체였다.

언젠가 나도 그런 선택의 기로에 서게 될 텐데 과연 어떤 방식으로 기억되고 싶을까. 그날의 경험은 죽음이 결코 완전한 이별이 아닐 수 있다는 가능성을 보여주었다. 현대 과학이 사랑하는 이들과의 영원한 연결을 돕는 새로운 길을 열어주고 있음을 깨닫게 해주었다.

디지털 메모리얼 관

스마트폰을 켜자 외삼촌의 미소가 화면 가득 피어났다. 추모의 공간이 물리적 장소에서 디지털 세계로 확장되면서 이제 사랑하는 이들의 기억을 언제 어디서나 만날 수 있게 되었다. 이런 변화의 중심에 '디지털 메모리얼 관'이 있다.

디지털 메모리얼 관은 고인의 사진, 영상, 음성 메시지 등을 디지털화하여 한곳에 모아둔 가상의 추모 공간이다. 처음에는 차가운 디지털 공간에서 어떻게 따뜻한 추억을 나눌 수 있을까 하는 의구심도 있었다. 기술은 차갑지만 그 속에 담긴 추억은 따뜻하다는 것을 많은 이들이 경험하고 있다.

가장 큰 장점은 시공간의 제약을 뛰어넘는다는 점이다. 해외에 있는 친척들도 시차에 구애받지 않고 접속할 수 있다. 또한 사진, 영상, 음성 메시지들은 디지털 데이터로 안전하게 보관되며 권한이 있는 사람만 접근할 수 있어 개인정보도 보호된다.

최근에는 인공지능 기술의 발전으로 더욱 놀라운 변화가 일어나고 있다. 딥브레인AI는 사진 한 장과 10초 분량의 음성만으로 'AI 고인'을 생성하는 '리메모리' 서비스를 제공하고 있다. 이 기술은 단순한 추모를 넘어 쌍방향 소통까지 가능하게 한다.

실제 사례들을 보면 그 감동이 더욱 생생하게 전해진다. 2023년 국방홍보원은 AI 기술로 2007년 순직한 박인철 소령을 복원하여 어머니 이준신 씨와 재회하게 했다. 모니터 속 아들이 "엄마, 너무 보고 싶었어요"라고 말하자 어머니는 16년간 참아온 눈물을 쏟아냈다.

KT는 2021년 AI 기술로 고 신해철씨의 목소리를 복원하여 'AI DJ, 신해철과의 만남'이라는 라디오 프로그램을 제작했다. 11년간의 라디오 방송 데이터를 학습한 AI가 그의 발화 패턴과

억양까지 자연스럽게 구현했다.

디지털 메모리얼 관에는 다양한 형태의 추억이 담길 수 있다. 생전의 사진과 영상은 물론이고 음성 파일과 문서들까지 디지털화하여 저장할 수 있다. 이는 단순한 자료 저장을 넘어 한 사람의 생애를 기록하는 디지털 아카이브가 된다.

이런 발전이 가져오는 윤리적 문제도 고려해야 한다. 고인의 '잊힐 권리'를 존중해야 하며 AI로 부활한 고인 데이터가 사이버 범죄에 악용될 가능성도 배제할 수 없다. 또한 데이터의 장기 보존 문제도 중요한 과제다. 기술의 발전 속도가 빠른 만큼 현재의 데이터 형식이 미래에도 읽을 수 있는 형태로 보존될 수 있도록 하는 것이 필요하다.

비용 역시 고리 사항이다. 현재 AI 추모 서비스는 문의를 통해 개별적으로 가격이 책정되고 있다. 기술이 발전하고 보편화됨에 따라 더 많은 사람들이 이용할 수 있는 합리적인 가격대의 서비스도 등장할 것으로 예상된다.

디지털 기술의 발전은 추모 문화도 조금씩 변화시키고 있다. 테슬라 CEO 일론 머스크는 "인터넷에 뇌를 업로드하고 다시 다운로드하는 것이 가능할 것"이라고 했다. 미래학자 레이 커즈와일은 인류가 불멸에 이를 날이 멀지 않았다고 예측한다. '디지털 영생'의 개념은 고대 이집트인과 진시황부터 꿈꿨던 영생의 현대적 버전이라 할 수 있다.

디지털 메모리얼 관은 단순한 추모 공간을 넘어 가족의 역사

가 쌓이는 소중한 디지털 보관소가 되어가고 있다. 후손들에게
도 소중한 기록들이 전해질 수 있다는 점에서 가치는 더욱 커진
다. 물리적으로는 더 이상 만날 수 없지만 특별한 디지털 공간에
서 소중한 추억을 보다 오래 간직할 수 있게 되었다.

디지털 기술의 발전이 추모 방식을 변화시키고 있다. 변하지
않는 것이 있다면 사랑하는 이들을 기억하고 그리워하는 마음
일 것이다. 디지털 메모리얼 관은 그 마음을 담아내는 새로운 그
릇일 뿐 추모의 본질은 여전히 마음속에 있다.

친환경 자연장

얼마 전 지인이 "아버지가 돌아가시면 수목장으로 하고 싶다"
라고 말하는 것을 들었다. 처음에는 좀 생소했는데 알고 보니 요
즘 많은 분들이 관심을 보이고 있는 새로운 장례 방식이었다.

친환경 자연장은 시신이나 화장한 유골을 자연으로 돌려보내
는 방식이다. 수목장이 가장 대표적인데 나무 아래 유골을 묻어
그 나무가 고인을 기리는 상징이 되게 한다. 콘크리트 무덤 대신
살아있는 나무가 추모의 공간이 되는 것이다.

실제로 수목장을 선택한 친구의 이야기를 들어보니 더욱 실감
이 났다. "어머니가 평생 꽃과 나무를 사랑하셨는데 벚나무 아
래 모셨어. 봄이 되면 벚꽃이 피고 여름에는 녹음이 우거져. 사

계절 내내 어머니를 만날 수 있는 기분이지"라고 말했다. 전통 묘지의 차갑고 무거운 분위기와는 완전히 달랐다.

바다에 유골을 뿌리는 해양장도 늘어나고 있다. 한 어부의 아들은 "평생 바다에서 살아오신 아버지를 바다로 보내드렸더니 마음이 편안해졌다"라고 했다. 배에서 유골을 뿌리는 순간 갈매기들이 날아와 함께해 주었다는 이야기가 참 인상 깊었다. 고인이 좋아했던 곳으로 보내드리는 것 자체가 의미 있는 추도가 되고 있다.

생분해되는 관이나 친환경 수의도 주목받고 있다. 화학 방부제 대신 대나무나 종이 같은 천연 재료로 만든 관을 사용한다. '땅으로 돌아갈 때도 자연에 해를 끼치지 않았으면 좋겠다'는 마음에서 선택하는 분들이 늘어나고 있다.

이런 변화의 배경에는 환경에 대한 관심 증가가 있다. 기존 매장 방식이 토지를 많이 차지하고 화장도 에너지를 많이 소모한다는 인식이 커지면서 더 자연친화적인 방법을 찾게 된 것이다. 또한 형식보다는 의미를 중시하는 문화 변화도 영향을 미쳤다.

원지동에 있는 서울추모공원에 가보니 수목장 구역이 따로 있었다. 일반 묘지와는 분위기가 확연히 달랐다. 무덤이 아니라 정원 같은 느낌이었다. 아이들이 뛰어놀고 연인들이 산책하는 모습을 보니 죽음이 삶과 분리된 것이 아니라 자연스럽게 어우러져 있다는 생각이 들었다.

법적 제도도 조금씩 정비되고 있다. 장사법이 개정되면서 자

연장지 설치 근거가 마련되었고 해양장도 법적으로 허용되었다. 비용도 전통 매장에 비해 저렴한 편이다.

"나무가 되어 후손들에게 그늘을 주고 싶다"라는 한 회장의 말씀이 오래 기억에 남는다. 친환경 자연장은 단순한 장례 방식의 변화를 넘어 죽음에 대한 인식 자체를 바꾸고 있는 것 같다. 죽음 이후에도 자연과 함께하고 싶다는 마음은 어쩌면 가장 인간다운 바람일지도 모른다.

3장

세계의 독특한 장례와 무덤

종교마다
장례 문화가 달라요

부처님의 장례를 따라 불교는 화장

화장장에서 울려 퍼지는 목탁 소리를 들을 때마다 가슴 한편이 먹먹해진다. 단조로우면서도 깊은 울림 속에서 무언가 오래된 것, 아주 오래된 것의 숨결을 느끼곤 한다.

그 소리는 2,500년 전 인도 쿠시나가라에서 시작되었다. 80세의 부처님이 제자들에게 당부하신 말씀이 있었다. "내 몸을 화장해 다오." 단순한 부탁 같지만 그 안에는 깊은 가르침이 담겨 있었다. 모든 것은 변한다는 진리 그리고 죽음조차 두려워할 것이 아니라는 지혜 말이다.

어릴 적 할머니 댁 근처 절에서 본 다비식이 아직도 기억에 남아있다. 어린 마음에는 무서우면서도 신비로웠다. 향나무 장작

위에 놓인 관이 천천히 타들어가는 모습을 보며 어른들이 '무상게'를 읊는 소리가 들렸다. "모든 것은 변하며 생겨났다가 사라지는 법이다…." 그때는 무슨 뜻인지 몰랐다. 지금 생각해 보니 삶의 가장 근본적인 진실을 담고 있었다.

요즘 통계를 보면 우리나라 화장률이 90%를 넘는다고 한다. 1994년에는 20%밖에 안 되었다. 땅이 부족해서 비용이 저렴해서, 관리가 편해서 등 여러 이유가 있겠지만 나는 다른 의미로 본다. 어쩌면 무의식 중에 부처님의 가르침을 받아들이고 있는 것은 아닐까.

얼마 전 이모를 떠나보내며 화장을 선택했다. 이종사촌들은 처음에는 망설였다. 전통적인 매장이 더 정중한 예의가 아닐까 하는 생각 때문이었다. 화장장에서 어머니를 보내드리는 순간 이상하게도 마음이 평온해졌다고 했다. 나도 이모의 육신이 연기로 변해 하늘로 올라가는 모습을 보며 정말로 돌아가신 것이 아니라 다른 형태로 변하는 것이라는 생각이 들었다.

불교에서 화장을 선호하는 이유를 이제야 조금 이해할 것 같다. 화장은 단순한 시신 처리가 아니라 하나의 가르침이다. 언젠가는 이렇게 재가 되어 흩어질 것이라는 사실을 받아들이게 해 준다. 무섭기보다는 오히려 자유로운 기분이 든다. 어차피 갈 길이라면 미리 마음의 준비를 하고 살아가는 것이 나을 것이다.

요즘 자연장이 인기라고 한다. 유골을 바다에 뿌리거나 나무 아래 묻는 방식 말이다. 좋은 생각이다. 죽어서도 자연의 일부가 되어 새로운 생명을 키우는 거름이 된다니 이보다 더 아름다운 순환이 있을까.

가끔 절에 들를 때가 있다. 법당에 앉아 있으면 어디선가 목탁 소리가 들려온다. 그 소리를 들으며 생각한다. 지금 이 순간 나에게 정말 중요한 것은 무엇일까. 내가 언젠가 저 목탁 소리와 함께 떠날 때 어떤 삶을 살았다고 말할 수 있을까.

부처님이 화장을 당부하신 진짜 이유는 아마도 이것이었을 것이다. 죽음을 두려워하지 말고 오히려 죽음을 생각하며 더 의미 있게 살라는 것. 화장의 불꽃이 육신을 태우듯 욕심과 집착을 태워버리고 진정한 자유를 찾으라는 것이 아닐는지.

목탁 소리가 다시 들려온다. 2,500년 전부터 이어져 온 그 울림이 오늘도 조용히 속삭인다. "지금 이 순간을 소중히 하라. 모든 것은 변하니까." 그 소리에 귀 기울이며 오늘 하루도 감사한 마음으로 살아가야겠다.

부활을 꿈꾸는 유대교, 기독교, 이슬람교

어린 시절 할머니 장례식에서 목사님이 "천국에서 다시 만나게 될 것"이라고 말씀하셨다. 나는 그 말의 의미를 제대로 이해하지 못했다. 죽음이 끝이 아니라는 것, 다시 살아날 수 있다는 것이 과연 가능한 일일까? 그때의 의문이 지금까지도 마음 한편에 남아있다.

세상에는 죽음 너머를 믿는 사람들이 많다. 특히 유대교, 기독교, 이슬람교를 믿는 이들은 모두 부활이라는 놀라운 희망을 품고 산다. 같은 뿌리에서 나온 세 종교가 각기 다른 방식으로 같은 꿈을 꾸고 있는 셈이다.

유대인의 장례식에서 가장 인상 깊은 것은 죽어가는 사람을 결코 혼자 두지 않는다는 점이다. 마지막 순간까지 곁을 지키며 시편을 읽어주는 모습에서 죽음을 두려운 혼자만의 여행이 아니라 공동체가 함께하는 통과의례로 여기는 마음이다. '메시아가 오면 다시 만날 수 있다'는 믿음이 정성을 뒷받침하는 것일까.

기독교 장례식에 참석할 때마다 놀라는 것은 슬픔보다 희망이 더 크다는 점이다. "나는 부활이요 생명이니"라는 성경 구절을 읽을 때의 확신에 찬 목소리들. 죽음을 '하늘의 생일'이라고 부르는 초기 기독교인의 관점은 죽음에 대한 인식을 완전히 뒤바꾼다. 예수의 부활이 모든 믿는 자에게 가능성의 문을 열어주었다는 믿음 때문일 것이다.

이슬람교도의 장례식은 또 다른 감동을 준다. 몇 년 전 인도네시아에서 목격한 장례식의 현장은 신기하기도 했다. 24시간 내에 간소하게 치르는 장례, 화려함을 배제하고 오직 알라 앞에서의 평등만을 강조하는 모습. 흰 천으로 감싼 시신이 메카를 향해 누워있는 광경에서는 숙연함과 동시에 평온함이 느껴진다. 심판의 날에 다시 살아날 것이라는 확신이 그들에게 이런 담담함을 주는 것 같다.

요즘 같은 과학 시대에 부활을 믿는다는 것이 어떤 의미일까? 혹자는 비과학적이라고 할지도 모른다. 나는 이런 생각을 해본다. 부활 신앙이 주는 것은 단순히 죽음 이후의 위로만이 아니라 현재를 사는 방식에 대한 근본적인 변화가 아닐까.

영원한 생명을 믿는 사람은 오늘 하루를 다르게 산다. 모든 선택이 영원한 의미를 갖는다고 믿기 때문에 더 신중하고 더 사랑하며 더 용서한다. 부활을 믿던 할머니가 생전에 보여주셨던 그 관대함과 평온함이 어디서 나왔는지 이제 조금 알 것 같다.

세 종교의 교리는 다르지만 공유하는 메시지는 하나다. 죽음은 끝이 아니라는 점이다. 인간은 짧은 생애보다 훨씬 크고 의미 있다는 것. 이런 믿음이 인류를 2천 년, 3천 년 동안 지탱해 온 힘이 아닐까.

요즘도 가끔 할머니 생각을 한다. 그토록 확신하셨던 그 만남이 정말 가능할까? 과학적으로 증명할 수는 없지만 적어도 그런 희망을 품고 사는 삶이 그렇지 않은 삶보다 더 아름답다는 것만은 확실하다. 영원을 꿈꾸는 사람들의 눈빛에서 삶의 신비를 볼 수 있으니까.

윤회의 굴레를 끊는 인도 힌두교

바라나시의 갠지스강에 선 순간 나는 삶과 죽음의 경계가 무너지는 경험을 했다. 아침 안개 속에서 떠오르는 붉은 태양이 강물을 금빛으로 물들이는 광경이 경이로웠다. 한쪽에서는 아이들이 뛰놀고 사람들이 목욕을 하는 동안 다른 한쪽에서는 화장 의식이 조용히 진행되고 있었다. 삶과 죽음, 슬픔과 기쁨이 경계 없이 공존하는 곳이 인도였다.

화장터 근처에서 만난 한 노인이 내게 말했다. "우리는 이 강에서 태어나고 이 강에서 죽고 이 강으로 돌아갑니다. 모든 것은 순환하지만 궁극적으로는 이 순환에서 벗어나는 것이 목표입니다." 그의 주름진 얼굴에서 평온함이 느껴졌다. 그 말은 힌두교의 핵심인 윤회와 해탈을 완벽하게 요약하고 있었다.

힌두교도에게 죽음은 끝이 아니다. 영혼은 카르마업보에 따라 끝없는 윤회의 굴레 속에서 환생을 거듭한다. 그들이 진정 바라는 것은 이 굴레에서 벗어나는 것, 즉 모크샤해탈에 이르는 것이다. 갠지스강에서의 화장은 해탈을 향한 가장 직접적인 길로 여겨진다.

마니카르니카 가트에서 화장 의식을 지켜보았다. 장작더미 위에 놓인 시신에 불이 붙고, "람 남 사티 헤라마의 이름은 진리다"라는 구호가 울려 퍼졌다. 이 순간 다섯 가지 원소로 이루어진 육신은 해체되어 자연으로 돌아간다. 불꽃이 카르마를 태워 영혼이 새

갠지스강 바라나시 장작더미에서 타는 시체 연기

로운 차원으로 이동할 수 있게 해준다고 믿는다.

가장 인상 깊었던 것은 사람들의 담담한 모습이었다. 슬픔은 있었지만 절망은 없었다. 죽음을 자연스러운 과정으로 새로운 시작으로 받아들이는 지혜가 있었다. 어쩌면 수천 년 동안 윤회를 믿어온 사람들만이 가질 수 있는 평온함인지도 모른다.

갠지스강 위로 피어오르는 연기를 바라보며 "삶은 잠시 머무는 여관일 뿐 진정한 집은 저 너머에 있다"라는 힌두 격언을 떠올렸다. 현대인은 종종 물질적 성취에만 매달려 삶의 더 깊은 차원을 잊고 산다. 바라나시에서 존재의 의미와 영원에 대한 질문이 여전히 유효함을 깨달았다.

떠나기 전날 밤 강가 아르티 의식을 지켜보며 물질과 영혼, 삶과 죽음의 경계가 흐려지는 느낌을 받았다. 불꽃과 향, 종소리와 만트라가 어우러진 의식에서 삶의 모든 순간이 신성하며 죽음조차 새로운 시작일 뿐이라는 힌두교의 믿음을 보았다.

갠지스강은 내게 죽음을 두려워하지 말고 자연스러운 과정으로 받아들이는 지혜를 가르쳐 주었다. 강물의 흐름처럼 삶도 계속 흘러간다. 중요한 것은 그 흐름에서 벗어나 영원한 자유를 얻는 것이라는 힌두교도의 염원을 이해하게 되었다. 윤회의 굴레를 끊고 모크샤에 이르겠다는 그들의 꿈이 깊은 울림을 주었다.

한국의 전통장 초분

지난해 여수 금오도를 트레킹하다가 예상치 못한 광경과 마주쳤다. 산기슭에 잔디와 짚으로 덮인 작은 집 같은 것이 있었다. 안내판을 보고서야 그것이 '초분'이라는 것을 알았다. 시신을 바로 땅에 묻지 않고 3년 동안 지상에 두었다가 나중에 뼈만 추려 매장하는 조상들의 독특한 장례 방식이었다.

처음에는 이상하다는 생각이 들었다. 왜 굳이 번거롭게 두 번에 나누어 장례를 치렀을까? 안내판의 내용을 되새기며 점차 조상들의 깊은 마음을 이해하게 되었다. 초분에는 단순한 실용성을 넘어서는 철학이 담겨 있었다.

초분의 과정은 이랬다. 사람이 죽으면 일단 유교식으로 염습하고 입관한 뒤 관을 땅에 묻지 않고 대나무나 나무로 만든 골격

위에 올려놓는다. 그 위를 짚이나 풀로 만든 이엉으로 덮어 통풍이 잘 되게 한다. 3년 후 시신의 살이 모두 썩으면 뼈만 추려내어 깨끗이 씻은 다음 작은 항아리에 담아 다시 땅에 묻는다.

왜 이런 번거로운 과정을 거쳤을까? 기록을 보면 여러 이유가 있었다. 전염병으로 죽었거나 객지에서 죽었을 때, 집안이 가난해서 장지를 구하지 못했을 때, 상주가 바다에 나간 사이에 갑자기 상을 당했을 때 등의 이유가 있었다. 더 깊은 의미도 있었다.

조상들은 시체는 더러운 것이어서 바로 땅에 묻으면 땅을 더럽힌다고 생각했다. 반면 뼈에는 죽은 사람의 영혼이 깃들어 있다고 믿었다. 살이 모두 썩고 뼈만 남았을 때야 비로소 완전한 죽음을 인정하고 그때 깨끗한 뼈를 땅에 모셔야 한다고 여겼다. 또한 육신을 바로 땅속에 매장하는 것은 너무 박정한 일이라서 조금이라도 더 지상에 두고 싶은 마음도 있었다.

이런 내막을 들으니 초분이 단순한 장례 방식이 아님을 알 수 있었다. 거기에는 죽음에 대한 조상들만의 독특한 철학과 고인에 대한 깊은 애정이 담겨 있었다. 죽음을 한 번에 끝내지 않고 단계적으로 받아들이면서 마지막까지 정성을 다하고자 했던 마음 말이다.

삼국 시대부터 1970년대까지 이어져 온 이 전통은 전라도와 경상도 일대 그리고 남해와 서해의 섬 지역에서 널리 행해졌다. 지역마다 초빈, 외빈, 소골장, 초장 등 다양한 이름으로 불렸지만 돌아가신 분을 정성껏 모시겠다는 마음만큼은 같았다.

현대에는 위생법과 새마을운동으로 초분이 법적으로 금지되면서 이 전통은 사라졌다. 금오도에서 우연히 초분을 만나며 조상들의 지혜로운 죽음관을 엿볼 수 있었다. 죽음을 갑작스럽고 차가운 단절이 아니라 천천히 준비하고 정성껏 보내드리는 과정으로 여겼던 것이다.

요즘 같은 현대식 장례 문화에서는 3일이면 모든 게 끝난다. 빠르고 효율적이지만 때로는 너무 급작스럽게 느껴질 때가 있다. 초분은 다른 가능성을 보여준다. 죽음과 이별을 천천히 정성스럽게 받아들이는 방법 말이다.

금오도를 떠나면서 생각했다. 형태는 바뀌었지만 조상들이 초분에 담았던 마음, 마지막까지 정성을 다하려는 정신만큼은 오늘날에도 여전히 소중하다는 것을. 초분은 사라졌지만 거기 담긴 사랑과 정성은 가슴속에 영원히 남아있을 것이다.

세계문화유산이 된 무덤

비밀 가득한 이집트 피라미드

20년 전 이집트 기자 평원에 선 순간을 아직도 잊을 수 없다. 카이로의 번잡함을 뒤로하고 사막으로 향하던 길, 멀리서 피라미드의 실루엣이 보이기 시작했을 때의 그 전율. 사진으로만 봤던 삼각형 건물이 실제로 눈앞에 우뚝 서 있다는 게 믿어지지 않았다.

가까이 다가갈수록 규모는 상상을 초월했다. 기원전 2560년경에 완공된 쿠푸 왕의 대피라미드는 원래 높이 146m에 약 230만 개의 석회암 블록으로 지어졌다. 대부분 2.5톤짜리 돌들이지만 왕의 방에는 50톤이 넘는 화강암 블록도 있다고 했다. 거대한 돌덩어리들이 수백만 개나 쌓여 있다니 머리가 어찔할

지경이었다.

더 놀라운 건 정교함이었다. 각 면이 거의 정확하게 동서남북을 향하고 있고 블록들 사이의 틈새는 평균 0.5mm에 불과하다. 손가락 하나 들어갈 틈 없이 맞물린 돌들을 만져보니 그 거칠고 따뜻한 표면에서 수천 년의 시간이 전해져 오는 듯했다.

피라미드 내부로 들어가는 것은 더욱 특별한 경험이었다. 좁고 가파른 통로를 따라 내려가면서 마치 시간 여행을 하는 기분이었다. 답답한 공기와 희미한 조명 속에서 파라오의 영혼이 지났던 길을 걷고 있다는 생각에 가슴이 뛰었다. 왕의 방에 들어섰을 때 느꼈던 그 신성한 분위기는 말로 표현하기 어려웠다.

"이곳은 단순한 무덤이 아닙니다. 파라오가 신이 되어 하늘로 올라가는 통로였어요." 가이드의 설명을 들으며 고대 이집트인들의 믿음을 이해할 수 있었다. 그들에게 피라미드는 파라오가 태양신 라와 합일되어 영원히 사는 상징적 계단이었던 것이다.

밖으로 나와 석양을 받은 피라미드를 바라보던 순간도 잊을 수 없다. 붉은 빛에 물든 거대한 실루엣과 그 앞을 지키고 선 스핑크스. 마치 다른 세계에서 온 것 같은 광경이었다. 그때 나는 인간의 창조성과 영원을 향한 열망에 깊은 감동을 받았다.

가장 놀라운 건 모든 것이 현대 기술 없이 만들어졌다는 사실이다. 처음에는 노예들의 강제 노동으로 지어졌다고 생각했는데 실제로는 숙련된 노동자들과 농민들이 나일강 범람 시기에 동원되어 만들었다고 한다. 최근 발견된 노동자들의 무덤을 보

이집트 피라미드

면 그들이 상당히 좋은 대우를 받았다는 증거도 있다.

어떻게 그 거대한 돌들을 운반했는지는 아직도 완전한 수수께 끼다. 경사로와 썰매, 지렛대 등을 사용했을 것이라 추정하지만 상상만으로도 어려움이 느껴졌다. 물에 젖은 모래 위로 썰매를 끌어 돌을 운반했다는 증거가 발견되기도 했지만 여전히 많은 부분이 미스터리로 남아있다.

20년이 지난 지금도 그 황금빛 사막에서 본 피라미드의 장대 한 모습은 마음속에 선명하게 남아있다. 4500년 동안 묵묵히 사막을 지키고 선 거대한 건축물 앞에서 느꼈던 압도적인 경이 로움과 시간의 깊이. 그것은 단순한 관광이 아니라 인류의 지혜 와 영원에 대한 꿈을 직접 만나는 경험이었다.

지금도 사막의 모래바람을 맞으며 서 있을 피라미드. 그 앞에 서면 고대와 현대를 잇는 시간의 다리를 건너는 듯한 신비로운 경험을 하게 되리라. 시간이 흘러도 변치 않는 피라미드처럼 인간의 창조적 열정과 우주의 신비를 향한 탐구 정신도 영원히 이어질 것이다.

실패한 불로장생의 꿈, 중국 진시황릉

10년 전 중국 서안의 병마용 박물관에 들어선 순간을 잊을 수 없다. 넓은 전시관에 펼쳐진 수천 개의 흙인형 군대가 한눈에 들어왔을 때의 충격. 각각의 병사들이 모두 다른 얼굴과 표정을 하고 있다는 게 믿어지지 않았다. 2200년이 넘는 세월을 견뎌온 흙으로 빚은 군사들이 마치 살아있는 듯 느껴졌다.

"세상을 정복한 황제는 죽음마저 정복하고 싶었습니다." 가이드의 말이 귓가에 맴돌았다. 중국을 통일한 진시황은 13세에 왕위에 올라 기원전 221년 최초의 통일 제국을 건설했다. 그토록 위대한 황제도 죽음 앞에서는 한없이 작아졌다. 진시황은 불로장생을 간절히 원했다. 서복이라는 도사를 동해 너머 삼신산에 보내 불로초를 구해오라 했다. 수은이 들어간 단약을 복용하며 영원한 삶을 꿈꿨다.

진시황의 무덤 봉분 앞에 섰을 때 묘한 감정이 들었다. 거대한

진시황릉의 파수꾼, 병마용

흙 더미 아래 아직 발굴되지 않은 지하 궁전이 있다는 사실이 신비로웠다. 사마천의 『사기』에 따르면 무덤 내부에는 수은으로 만든 강과 바다가 흐르고 천장에는 별자리가 그려져 있으며 침입자를 향해 자동으로 발사되는 화살 트랩까지 있다고 했다. 실제로 무덤 주변 토양에서 비정상적인 수은이 검출되어 이 기록이 사실일 가능성을 뒷받침한다.

역설적이게도 그토록 살고 싶어 했던 진시황은 49세라는 비교적 이른 나이에 세상을 떠났다. 아이러니하게도 불로장생을 위해 복용했던 수은 단약이 오히려 죽음을 앞당겼을지도 모른다. 더욱 슬픈 것은 진시황이 건설한 진나라가 사후 불과 4년 만에 멸망했다는 사실이다.

병마용을 돌아보며 한 가지 깨달음을 얻었다. 진시황이 구하고자 했던 육체적 불멸은 실패했지만 남긴 유산은 역사 속에서 영원히 살아남았다. 해마다 전 세계에서 수백만 명이 진시황의 업적을 보기 위해 이곳을 찾는다. 어떤 의미에서는 진시황이 원했던 '불멸'을 다른 방식으로 얻은 셈이다.

무덤 근처 작은 언덕에 앉아 생각에 잠겼다. 앞으로 펼쳐진 넓은 평원과 그 위에 솟은 거대한 봉분을 바라보며 인간 존재의 근본적인 한계를 느꼈다. 아무리 위대한 권력자라도 죽음만큼은 피할 수 없다는 것. 동시에 진정한 불멸은 육체가 아닌 정신과 문화 속에서 이루어진다는 것도 깨달았다.

중국 정부는 아직도 진시황의 실제 무덤을 발굴하지 않고 있다. 보존 기술이 충분히 발전할 때까지 그리고 수은 중독 등의 위험이 해결될 때까지 기다리고 있는 것이다. 어쩌면 이것이 현명한 선택일지도 모른다. 병마용 발굴 당시 화려한 채색이 공기에 노출되자마자 사라진 경험이 있기 때문이다.

서안을 떠나며 나는 진시황에 대해 새로운 시각을 갖게 되었다. 단순한 폭군이 아니라 죽음을 극복하고자 했던 한 인간이었다. 진시황의 꿈은 실패했지만 그 과정에서 만들어진 거대한 유산은 인류 문명의 소중한 보물이 되었다.

진시황릉은 묻는다. 진정한 불멸이란 무엇인가? 육체의 영원함인가 아니면 역사와 문화 속에서의 영원함인가? 2200년이 지난 지금도 기억하고 이야기한다는 것 자체가 어쩌면 진시황이 찾던 불멸의 진정한 의미일 것이다.

세상에서 가장 아름다운 무덤, 인도의 타지마할

"엄마, 정말 그렇게 예쁜 곳이 있어요?" 타지마할 동화책을 아이에게 읽어줄 때 수없이 들었던 질문이다. 사랑하는 왕비를 위해 세상에서 가장 아름다운 무덤을 지었다는 이야기를 들려줄 때마다 아이는 눈을 반짝이며 그 환상적인 공간을 상상했고 나 또한 그랬다. 2024년 5월 나는 동화 속 공간을 두 눈으로 마주하게 되었다.

인도 아그라의 정문을 통과해 처음 타지마할을 본 순간 숨이 멎는 듯했다. 새하얀 대리석으로 지어진 거대한 돔과 네 개의 미나렛이 푸른 하늘을 배경으로 우아하게 서 있었다. 400년 가까운 세월이 흘렀음에도 여전히 완벽한 자태는 정말로 동화책에서 나온 듯했다.

1631년 6월, 무굴 제국의 샤 자한 황제는 가장 사랑하는 아내 뭄타즈 마할을 잃었다. 열네 번째 아이를 출산하다 38세의 나이로 세상을 떠난 것이다. 깊은 슬픔에 빠진 황제는 그녀를 위해 세상에서 가장 아름다운 무덤을 지어주겠다고 다짐했다. 1632년부터 21년간 2만 명의 장인이 참여해 이 불멸의 걸작이 탄생했다.

인도 아그라의 타지마할

가장 놀라운 것은 타지마할이 시간에 따라 색깔을 바꾼다는 점이다. 동틀 무렵에는 부드러운 분홍빛을, 정오에는 눈부신 순백을, 황혼에는 따뜻한 황금빛을 띤다. 대리석의 특성과 빛의 변화가 만들어내는 자연스러운 마법이었다. 마치 뭄타즈 마할의 영혼이 하루 종일 다양한 모습으로 사랑하는 남편에게 인사를 건네는 것 같았다.

덧버선을 신고 내부로 들어가니 뭄타즈 마할과 샤 자한의 가묘가 나란히 놓여 있었다. 원래 샤 자한은 강 건너편에 자신만의 검은 대리석 무덤을 지으려 했다. 아들에게 권력을 빼앗기며 8년간 유폐된 후 결국 사랑하는 아내 곁에 묻히게 되었다. 어쩌면 이것이 더 아름다운 결말일지도 모른다.

인도의 시인 타고르는 타지마할을 "영원의 측면에 맺힌 한 방울의 눈물"이라고 표현했다. 이 시적인 묘사가 타지마할의 본질을 정확히 포착하고 있다. 죽음이라는 슬픔이 사랑을 통해 영원한 아름다움으로 승화된 것이다.

타지마할 앞의 긴 수로에 반사된 건물을 바라보며 생각했다. '샤 자한이 추구했던 것은 단순한 무덤이 아니라 사랑의 영원성이었구나.' 육체는 사라져도 사랑은 남는다는 믿음, 그 믿음이 이토록 완벽한 건축물로 구현된 것이다.

수많은 관광객 사이에서 나도 한 사람이 되어 400년 전의 사랑과 이별을 상상해 보았다. 최근 환경 오염으로 순백의 대리석이 황변되고 있다는 소식이 안타깝지만 타지마할이 전하는 메시지는 여전히 강력하다.

집에 돌아와 다 큰 아들에게 말했다. "정말 그렇게 예쁜 곳이 있어. 그 아름다움은 진정한 사랑에서 나온 거야." 타지마할은 죽음 이후에도 남는 것은 사랑이며 사랑을 어떻게 표현하고 기억하느냐가 중요하다는 것을 400년 가까이 전 세계에 전하고 있다. 무덤이라는 죽음의 공간이 이토록 아름다운 생명력을 갖고 있다는 것, 그것이 바로 진정한 사랑의 힘이 아닐까.

삶과 무덤이 함께하는 곳, 영국의 웨스트민스터 사원

30년 전 런던에서의 그날을 잊을 수 없다. 열 살 아들과 친구 가족과 함께 웨스트민스터 사원에 들어선 순간 모두는 입을 다물지 못했다. 31m 높이의 고딕 천장과 스테인드글라스가 만들어내는 신비로운 분위기에 압도되었다. 무엇보다 아이들을 당황케 한 것은 다른 것이었다.

"엄마, 여기가 정말 교회예요? 왜 무덤이 여기에 있어요?" 아들의 질문에 순간 답하기 어려웠다. 한국에서는 교회와 무덤이 엄격히 분리되어 있다. 하지만 이곳에서는 기도하는 공간과 묻힌 이들의 무덤이 한 공간에 자연스럽게 공존해 있었다. 친구의 딸은 바닥에 새겨진 묘비문 위를 걸어야 한다는 것이 무서웠는지 엄마 손을 꼭 붙잡았다.

웨스트민스터 사원은 단순한 교회가 아니었다. 1066년 윌리엄 정복자부터 2023년 찰스 3세까지 영국의 거의 모든 군주가 이곳에서 왕관을 받았다. 그들 중 많은 이가 생을 마감한 후 다시 이곳으로 돌아와 영원한 안식을 취한다. 3,000명 이상이 묻혀 있으며 기념비가 세워진 이곳은 영국 최고의 명예로운 묘지였다.

시인의 모퉁이를 지나며 셰익스피어, 디킨스 같은 문학가들의 이름을 확인했고 과학자 뉴턴과 다윈의 무덤도 보았다. 가장 인상 깊었던 것은 본당 한가운데 자리한 무명 용사의 무덤이었다.

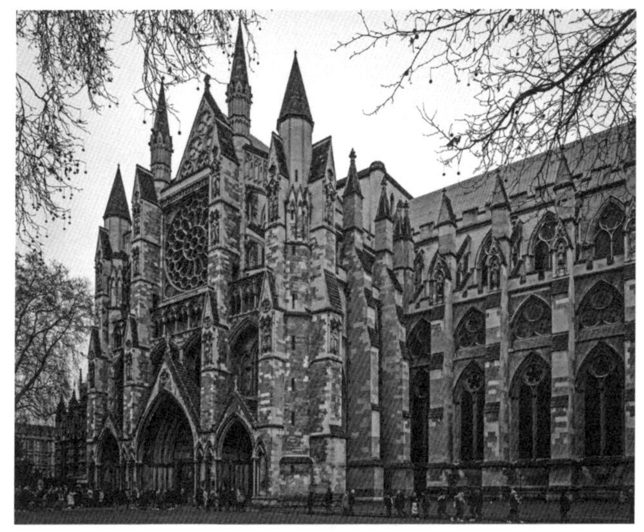

영국의 웨스트민스터 사원

왕과 여왕의 화려한 묘비 사이에서 이름 없는 군인을 기리는 이 무덤은 계급 사회 영국에서도 보통 사람들의 희생을 잊지 않는 다는 의미로 다가왔다.

그로부터 30년이 지난 지금도 영국에 큰 공헌을 한 인물들이 안장된다. 2018년 물리학자 스티븐 호킹이 뉴턴과 다윈 사이에 안치되었을 때 그날의 기억을 떠올렸다. 아이들과 함께 걸었던 바로 그 돌바닥에서 또 다른 역사가 만들어지고 있었다.

2022년 엘리자베스 2세 여왕의 국장을 TV로 보며 다시 한번 감동이 되살아났다. 천 년의 역사가 고스란히 담긴 공간에서 역 사적인 순간이 펼쳐지고 있었다. 웨스트민스터 사원은 여전히 살아있는 공간이었다. 매일 성가대의 노래가 천장에 울려 퍼지고 신자들은 수세기 동안 이어져 온 의식에 참여한다.

가장 기억에 남는 것은 엘리자베스 1세와 그녀의 이복자매 메리 1세가 나란히 묻혀 있다는 사실이었다. 삶에서 그토록 대립했던 두 사람이 죽음 앞에서는 평화롭게 나란히 누워있다는 것이 인생의 무상함을 보여주는 듯했다.

30년 전의 방문은 삶과 죽음이 한 공간에서 공존할 수 있다는 것을 처음 깨달은 특별한 경험이었다. 처음에는 당황했던 아이들도 나중에는 '역사가 살아있는 곳'이라며 신기해했다. 웨스트민스터 사원은 영국이라는 나라의 영혼이 깃든 곳이다. 왕과 시인들, 그리고 보통 사람들의 이야기가 새겨진 살아있는 책이다. 지금도 그곳은 끝없는 시간의 흐름 속에서 영국의 역사를 써 내려가는 살아있는 증인으로 서 있을 것이다.

고인돌의 왕국, 한국

30년 전 강화도 부근리에서 거대한 고인돌과 마주했던 순간을 잊을 수 없다. 초등학교 1학년이던 아이의 여름 방학을 이용해 함께 간 가족여행에서 덮개돌의 크기가 6.5m에 이른다는 설명을 듣고 입을 다물지 못했다. 아이는 그 거대한 바위를 올려다보며 연신 감탄사를 내뱉었다.

강화도 고인돌

"엄마, 어떻게 이렇게 큰 돌을 옮겼을까요?" 가장 많이 받은 질문이었다. 나 역시 같은 의문을 품고 있었다. 안내원은 수백 명이 힘을 합쳐 목재 썰매와 통나무를 이용해 옮겼을 것이라고 설명했다. 여전히 상상하기 어려웠다. 50~80톤에 달하는 거대한 바위를 옮기려면 최소 800명의 인력이 필요했다니 청동기 시대 조상들의 협동 정신이 얼마나 대단했는지 새삼 깨닫게 되었다.

큰 아이가 "그럼 고인돌은 아주 중요한 사람의 무덤이었겠네요?"라고 물었을 때 그렇다고 대답했다. "이렇게 많은 사람들이 힘을 합쳐 만들 수 있었던 건 그만큼 중요한 의미가 있었기 때문일 거야." 아이는 고개를 끄덕이며 고인돌 주변을 뛰어다녔다.

전 세계 고인돌의 3분의 2가 우리나라에 있다는 사실을 알고 나니 더욱 자랑스러웠다. 남북한 합쳐 4만 기나 되는 고인돌은 단순한 무덤이 아니라 민족의 문화적 정체성을 보여주는 살아 있는 증거였다. 특히 강화도의 북방식 고인돌은 거대한 덮개돌이 마치 하늘을 떠받치는 듯한 장엄함을 보여주었다.

여행 이후 전국의 고인돌 유적지를 찾아다니는 작은 프로젝트를 시작했다. 고창, 화순 등을 방문하면서 아이들은 선사 시대에 대한 호기심을 키워갔다. "꼭 이렇게 무거운 돌로 무덤을 만들어야 했을까요?"라는 질문에 나는 "죽은 사람의 영혼이 편안하게 쉴 수 있는 집을 만들어주려는 마음이었을 거야"라고 대답했다.

2000년 유네스코 세계문화유산으로 등재된 고인돌들은 이제 세계가 인정하는 문화재가 되었다. 30년이 지난 지금도 그때의 경외감은 생생하다. 거대한 바위 앞에서 느꼈던 인간의 작은 존재감, 동시에 그 바위를 들어올린 조상들의 위대한 협동 정신. 이 양가적 감정은 내 안에 깊이 새겨졌다.

나중에 아이들이 성장해서도 그 고인돌 여행을 기억했고 한 아이는 고고학에 관한 관심이 많아 관련 서적을 즐겨보곤 했다. 수천 년 전 청동기 시대 사람들이 남긴 이 거대한 돌무덤은 단순한 유적이 아니라 시간을 초월해 대화하는 살아있는 역사였다.

거대한 덮개돌 아래에서 수천 년의 시간을 견뎌온 선조들의 이야기는 지금도 각자의 삶 속에서 자신만의 '돌'을 쌓아가고 있는 현대인들에게 묵직한 영감을 전해준다. 고인돌의 왕국, 한국.

이 표현이 주는 자부심은 그때나 지금이나 변함없다.

519년 왕조의 흔적, 조선왕릉

봄비가 내리는 어느 날, 서울 외곽의 조선왕릉을 찾았다. 어느새 경기권 내에 있는 왕릉은 거의 답사했다. 도심의 번잡함을 뒤로하고 홍살문을 지날 때 매번 느끼는 바이지만 시간이 다른 방향으로 흐르는 듯했다. 519년이라는 길고 긴 세월 동안 한 왕조가 이어지며 만들어낸 무덤들. 거대한 시간의 무게를 느끼며 나는 왕릉의 길을 걸었다.

조선왕릉은 단순한 무덤이 아니었다. 1392년 태조부터 1910년 순종까지 27명의 왕과 왕비가 잠든 42기의 왕릉은 살아있는 역사책이자, 조선 사람들의 철학과 미학이 고스란히 담긴 예술 작품이었다. 2009년 유네스코 세계문화유산으로 등재된 왕릉들은 세계가 인정하는 자랑거리다.

가장 놀라운 것은 자연과의 완벽한 조화였다. 산을 등지고 물을 바라보는 배산임수의 원칙으로 조성된 왕릉들은 자연의 일부처럼 느껴졌다. 이집트 피라미드나 중국 진시황릉의 웅장함과는 다른, 겸손하고 절제된 아름다움이 있었다. 함께 동행했던 외국인 친구가 "자연을 파괴하지 않고 자연 속에 스며든 것 같다"라고 감탄했던 것이 기억난다.

조선왕릉

비에 젖은 석물들 사이를 거닐며 조선 사람들의 마음을 이해할 수 있었다. 문인석과 무인석은 문치와 무치의 조화를, 석양과 석호는 왕릉을 지키는 수호의 의미를, 12지신상은 사방을 보호하는 염원을 담고 있었다. 이 모든 것들이 단순한 장식이 아니라 깊은 철학과 세계관을 담은 조형물임을 깨달았다.

10년 전 가족과 함께 6개월 여에 걸쳐 주말마다 조선왕릉을 순례했던 기억이 떠올랐다. 동구릉에서는 조선 초기부터 후기까지의 변화를 한눈에 볼 수 있었다. 강남 한복판의 선릉에서는 현대와 과거의 극적인 대비를 경험했다. 각 왕릉마다 조성된 시기에 따른 미묘한 차이들이 시간의 층위를 보여주었다.

왕릉 주변을 감싸는 산책로는 특별한 매력이 있다. 수백 년 된 소나무들이 만드는 그늘 아래 이어지는 흙길은 발걸음을 내디딜 때마다 과거로의 여행을 느끼게 했다. 계절마다 다른 모습을 보여주는 왕릉의 숲은 봄에는 연둣빛으로, 여름에는 진초록으로, 가을에는 단풍으로, 겨울에는 설경으로 방문객들을 맞았다.

왕릉에서 만난 한 노부부가 매달 한 번씩 이곳을 찾는다고 했다. "도시 생활에 지치면 이곳에 와요. 수백 년 된 나무들 사이를 걷다 보면 마음이 평온해지거든요." 그들의 말처럼 조선왕릉은 현대 도시인들에게 역사적 명소를 넘어 치유의 공간이 되고 있었다.

일제강점기에 많은 수난을 겪었던 왕릉들이 세계문화유산 등재 과정을 거치며 본래의 모습을 되찾아가는 것도 감동적이었다. 훼손된 홍살문과 정자각이 복원되고 파괴된 석물들이 제자리를 찾으며 조선왕릉은 다시 후대 곁으로 돌아왔다.

홍살문을 나서며 뒤돌아본 왕릉의 모습이 오래도록 마음에 남았다. 묵직한 석물들과 고요한 숲, 그 사이로 비친 석양. 519년이라는 긴 시간 동안 한 왕조가 남긴 유산은 자연과의 조화, 검소함과 절제, 삶과 죽음에 대한 경건한 태도를 통해 우리가 어디서 왔고 어디로 가는지를 묵묵히 알려주고 있었다. 조선왕릉의 고즈넉한 산책로를 걸으며 역사의 깊이와 자연의 아름다움을 동시에 느낄 수 있었다.

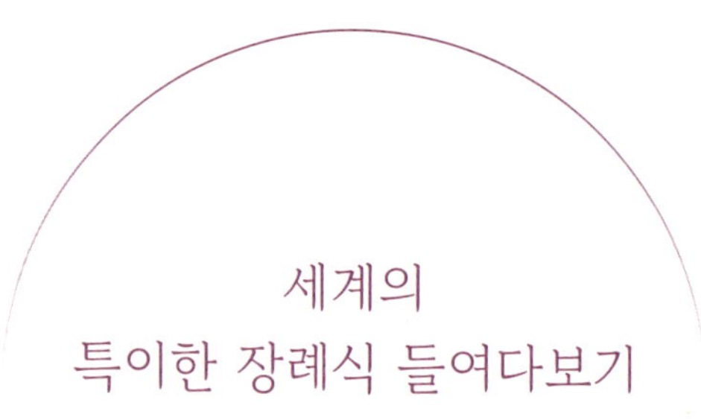

세계의
특이한 장례식 들여다보기

티베트의 전통 방식인 천장天葬

어린 시절 어느 잡지에서 본 사진 한 장이 아직도 생생하다. 사람이 죽으면 시신을 토막 내어 독수리에게 먹게 한다는 설명과 함께 실렸던 충격적인 장면이었다. "어떻게 이런 끔찍한 일이 있을 수 있는가"라며 통탄했던 내 반응은 문화적 이해가 부족했던 외부인의 전형적인 시각이었다. 수십 년이 지나 티베트 문화를 공부하면서야 그것이 '천장'이라는 깊은 영적 의미를 담은 의식임을 알게 되었다.

티베트 고원은 지구상에서 가장 높은 곳에 위치한 인간 거주지 중 하나다. 해발 3,000~5,000m의 고지대에서는 흙이 얼어붙어 있고 바위가 많아 땅을 파서 시신을 묻는 일이 거의 불가능하다. 나무가 귀한 환경에서 화장을 위한 땔감을 구하는 것도 쉽지 않다. 지리적 제약 속에서 티베트인은 자신들의 종교적 믿음과 결합한 독특한 장례 문화를 발전시켰다.

천장의 과정이 외부인에게는 충격적이지만 티베트인에게는 신성한 의식이다. 사람이 죽으면 라마가 길일을 정하고 시신은 하얀 천에 싸여 '롭터'로 불리는 산 정상의 특별한 장소로 운반된다. '롭타'라는 천장 전문가가 약 1시간 동안 경전을 읽으며 망자의 영혼을 위해 기도한다. 그동안 독수리들이 주변에 모여들기 시작한다.

티베트인은 이 독수리들을 '닥이니'라 부르며 망자의 영혼을 하늘로 운반하는 신성한 사자로 여긴다. 의식이 끝나면 롭타가 시신을 해체하고 독수리들이 내려와 살점을 먹는다. 남은 뼈는 가루로 만들어 참바와 섞어 다시 독수리들에게 던진다. 결국 시신은 완전히 독수리의 체내에 들어가 하늘로 올라가게 된다.

이 과정은 티베트인에게 죽은 이의 마지막 선행이자 자비의 행위로 여겨진다. 티베트 불교에서는 죽음 이후 육신은 빈 껍데기일 뿐이며, 의식은 49일 동안 중간 상태에 머물다가 새로운 생으로 윤회한다고 믿는다. 따라서 자신의 육신을 다른 생명체에게 양식으로 제공하는 것은 위대한 자비의 실천이자 업보를 쌓는 방법으로 간주된다.

유교 사상이 뿌리 깊은 우리나라에서는 시신을 곱게 단장해 관에 안치하고 땅에 고이 묻는 문화가 일반적이다. 어린 시절 천장 의식을 보고 받았던 나의 충격도 이러한 문화적 차이에서 비롯된 것이었다. 하지만 티베트인에게 천장은 어떠한 잔인함도 없는 오히려 죽은 이가 마지막으로 보이는 자비와 관용의 표현이다.

척박한 고원 지대에서 자원은 귀중하며, 시신을 자연의 순환 과정으로 돌려보내는 것이 환경적으로도 이로운 선택이다. 또한 티베트인은 자신의 조상이 하늘에서 왔다고 믿어, 죽은 후에는 다시 하늘로 돌아가야 한다고 생각한다. 독수리가 시신을 먹음으로써 죽은 이의 영혼이 하늘에 더 가까이 갈 수 있다고 믿는 것이다.

어린 시절 끔찍하게만 보였던 그 의식이 이제는 삶과 죽음에 대한 또 다른 지혜로 다가온다. 티베트의 천장은 단순한 장례 의식을 넘어 생명의 순환과 영혼의 여정, 그리고 자비와 자연과의 조화에 대한 깊은 이해를 반영한다. 문화적 다양성을 이해하는 것은 결국 세상을 더 넓게 보는 눈을 갖게 해준다. 죽음을 맞이하는 방법이 이렇게 다를 수 있다는 사실 자체가 인간 문화의 놀라운 다양성을 보여주는 증거가 아닐까.

푸에르토리코의 테마 장례식

푸에르토리코의 테마 장례식 사진을 처음 봤을 때의 충격을 잊을 수 없다. 죽은 할머니가 평소처럼 의자에 앉아 가족들을 맞이하고, 복서는 링 위에서 마지막 파이팅 자세를 취하고, 택시 운전사는 자신의 택시 안에서 마지막 인사를 하는 모습들. 처음에는 기괴하다고 생각했지만 이야기를 들을수록 마음이 달라졌다.

82세 게오르기나 차르던 할머니의 사연이 특히 마음에 남았다. 할머니는 생전에 작은 거실 의자에 앉아 가족들과 이야기하는 시간을 가장 행복해했다. 마지막 소원도 "내 의자에 앉아 모두와 이야기하는 것처럼 보내달라"라는 것이었다. 장례식에서 그녀는 좋아하넌 파란 드레스를 입고 평소의 자리에 앉아 손자

드레스 입고 의자에 앉아 테마 장례식

들을 맞이했다. 가족들은 평소처럼 할머니 주변에 모여 마지막 대화를 나눴다.

카리브해의 작은 섬나라에서 시작된 독특한 문화는 단순한 쇼맨십이 아니었다. '생명의 축제'를 중시하는 라틴 문화권에서 죽음은 단절이 아닌 삶의 연장이다. 멕시코의 망자의 날처럼 죽음을 슬프게만 받아들이지 않는 문화적 배경이 있었다. 점차 사람들은 이해하기 시작했다. 현대 사회에서 개인의 정체성이 중요해지면서 사람들은 자신이 어떻게 기억되고 싶은지에 대해 더 많이 생각하게 되었다. 테마 장례식은 '나는 이렇게 살았고 이렇게 기억되고 싶다'는 마지막 메시지를 전달하는 방식이었다.

마린 장례식장의 장례 지도사들은 마치 조각가처럼 정교한 기술로 고인의 마지막 모습을 연출한다. 그들에게 이는 단순한 업무가 아니라 고인과 가족의 마지막 소원을 실현해 주는 의미 있는 일이다.

생각해 보니 우리도 평소에 "내가 죽으면 이렇게 해달라"는 말을 종종 한다. 푸에르토리코 사람들은 그것을 실제로 실현한 것뿐이다. 어떤 이들에게는 불경스러워 보일 수 있지만 또 다른 이들에게는 마지막 순간까지 자신다운 모습으로 사랑하는 사람들에게 작별 인사를 건네고 싶은 따뜻한 마음이 담긴 의식이다.

결국 푸에르토리코의 테마 장례식이 묻는다. 당신은 어떻게 기억되고 싶은가? 당신의 삶을 가장 잘 표현하는 모습은 무엇인가? 이는 장례 방식에 관한 질문이 아니라 살아있는 동안 어떤 의미와 가치를 추구하며 살 것인지에 대한 근본적인 성찰을 요구한다. 마지막까지도 나답게 살고 싶다는 인간의 소망이 만들어낸 독특하고도 감동적인 문화다.

중국과 대만의 스트리퍼 장례

처음 중국의 스트리퍼 장례식 영상을 사진으로 봤을 때 충격이었다. 엄숙해야 할 장례식장에서 속옷 차림의 여성들이 춤을 추고 심지어 관 앞에서까지 선정적인 공연을 벌이는 모습. '이게 정말 장례식인가?'라는 의문과 함께 문화적 충격이 밀려왔다.

처음에는 단순히 기괴하고 불경스러운 일로만 보였다. 상상할 수 없는 일이었다. 그 배경을 알게 되면서 생각이 복잡해졌다. 이 독특한 관행이 생겨난 이유는 의외로 단순했다. 더 많은 조문객을 불러모으기 위해서였다. 중국 문화에서 장례식의 규모는 고인의 사회적 지위를 보여주는 척도로 여겨지기 때문이다.

역사적으로 중국 농촌 지역에서는 장례식에 음악 공연과 연극이 포함되는 경우가 많았다고 한다. 고인을 위로하고 영혼이 편안히 저승으로 갈 수 있도록 하는 의미도 있었지만 동시에 조문객을 늘리는 실용적 목적도 있었다. 대만에서는 1980년대부터 '전자 화장차'라는 이동식 무대 공연 문화가 발달해 점차 장례식에까지 확산되었다.

물론 중국 당국은 이를 강력히 단속하고 있다. "문화적 가치를 훼손하는 야만적 행위"라며 2015년부터 본격적인 캠페인에 나섰다. 도시의 교육받은 계층들도 이를 저속한 오락으로 여기며 비판한다. 여성을 성적 대상화한다는 점에서 성평등 관점의 문제 제기도 당연하다.

다른 시각도 있다. 일부 연구자들은 이것이 농경 사회의 풍요와 다산을 기원하는 고대 의식의 변형일 수 있다고 본다. 경제적으로 낙후된 지역에서는 이런 공연이 장례식의 슬픔을 덜고 지역 공동체의 결속을 다지는 기능을 한다는 견해도 있다. 고인을 위해 많은 사람이 모이고 활기찬 분위기를 만드는 것이 좋은 장례라고 여기는 문화적 배경도 무시할 수 없다.

이 현상을 보며 문화적 상대주의와 보편적 윤리 사이에서 고민하게 된다. 모든 문화적 관행을 무조건 존중해야 할까, 아니면 어떤 기준으로든 비판할 수 있는 것일까? 특히 이 관행이 주로 낙후된 농촌이나 저소득층 지역에서 나타난다는 점도 생각해 볼 문제다.

결국 이는 급변하는 사회에서 전통과 현대, 농촌과 도시, 지역 관행과 보편적 가치 사이의 긴장을 보여주는 사례다. 중국이 20세기 후반부터 겪어온 급속한 변화 속에서 장례 문화가 어떻게 변형되고 재해석되는지를 극단적으로 보여주는 창이기도 하다.

이런 문화 현상을 마주할 때마다 느끼는 것은 다른 문화를 이해한다는 것이 얼마나 어려운 일인지다. 성급한 판단 대신 그 배경에 있는 복잡한 맥락을 이해하려는 노력이 필요하다. 동시에 여성의 성적 대상화 같은 보편적 윤리 문제에 대해서는 비판적 시각도 유지해야 한다.

중국의 스트리퍼 장례식은 문화적 다양성과 보편적 윤리 사이의 복잡한 균형을 생각하게 하는 중요한 사례다. 쉽게 답할 수 없는 질문들을 던지며 열린 마음과 비판적 사고를 동시에 요구하고 있다.

인도 갠지스강 바라나시 화장

2023년 여름 인도 바라나시의 갠지스강에 첫발을 디딘 순간을 잊을 수 없다. 마니카르니카 거트에서 코를 찌르는 독특한 향과 멀리서 피어오르는 연기가 이곳이 일상적인 관광지가 아님을 알려주었다. 화장터 근처에 다가가자 장작더미 위에 시신이 놓여있고 사제들이 만트라를 읊으며 의식을 진행하고 있었다. 처음에는 충격적이었지만 곧 그곳에 흐르는 독특한 평화로움이 느껴졌다.

가장 놀라웠던 것은 죽음을 애도하면서도 축제 같은 분위기가 공존한다는 점이었다. 저녁 무렵 강변에서는 화려한 옷을 입은 힌두 사제들이 갠지스강을 향해 등불을 흔들며 '간가 아르티' 의식을 진행했다. 화장터 바로 옆에서 활기찬 의식이 매일 저녁 펼

삶과 죽음이 평화롭게 공존하는 갠지스강 바라나시

쳐진다는 사실이 인상적이었다. 죽음은 끝이 아니라 새로운 시작이었다.

한 가이드는 "이곳에서 화장되면 윤회의 고리에서 벗어나 해탈에 이를 수 있다"라고 설명했다. 많은 노인들이 생의 마지막 순간을 이곳에서 보내기 위해 수백 킬로미터를 여행 온다고 했다. 실제로 만난 한 노인은 죽음을 두려워하기보다 바라나시에서의 마지막을 영적 완성으로 여기는 듯했다.

화장 의식 자체도 경건했다. 시신은 갠지스강 물로 씻겨 정화되고 향신료와 꽃으로 장식된 후 장작더미에 안치된다. 보통 가족의 장남이 성스러운 불을 가져와 장작에 불을 붙인다. 3~6시간의 화장이 끝나면 남은 재와 뼈는 모두 갠지스강에 뿌려진다.

영혼이 우주의 거대한 순환 속으로 돌아가는 과정이었다.

신성함과 일상이 한데 어우러지는 모습도 인상적이었다. 사제들이 장작의 무게를 재고 가격을 흥정하는 모습, 돔족으로 불리는 화장터 관리인들이 신성한 불을 관리하는 모습까지, 영성과 경제가 독특한 방식으로 공존하고 있었다.

바라나시 마지막 날 해 뜨기 전 갠지스강에서 보트를 탔다. 가이드가 연꽃 모양의 작은 그릇에 촛불을 켜서 강에 띄우라고 권했다. "디야라고 부르는 제물입니다. 소원을 담아 강에 띄우면 갠지스 여신이 들어줄 거예요." 작은 꽃 등불이 어둠 속에서 반짝이며 강을 따라 흘러가는 모습이 별들이 지상에 내려온 듯했다.

내 디야가 멀리 떠내려가는 것을 지켜보는 순간 왠지 모를 평화로움이 밀려왔다. 내 소원과 함께 작은 불빛이 거대한 강의 흐름에 몸을 맡기는 모습은 인간의 영혼이 우주의 거대한 순환 속에 자리 잡는 것과 같아 보였다.

갠지스강은 생명과 죽음이 공존하는 역설적인 공간이다. 같은 강물에서 어떤 이는 목욕을 하고 다른 이는 빨래를 하며 또 다른 이들은 성수를 떠간다. 그 옆에서는 화장된 시신의 재가 물속으로 흘러들어간다. 외부인에게는 이해하기 어려운 이 광경이 힌두교도들에게는 자연스러운 삶의 일부이자 생명과 죽음의 순환을 상징한다.

갠지스 강변에 서서 화장터의 불꽃을 바라보고 있노라면 영원과 순간, 삶과 죽음의 경계가 모호해진다. 이곳에서 죽음은 두려움의 대상이 아닌 삶의 자연스러운 연장선상에 있는 또 하나의 과정으로 받아들여진다. 죽음을 부정하거나 숨기지 않고 직면함으로써 오히려 삶의 의미를 더 깊이 이해할 수 있다는 것, 그것이 갠지스강이 내게 준 가장 소중한 깨달음이었다.

또한 이곳 갠지스강에서 나는 삶과 죽음이 서로 분리가 아니라 하나의 거대한 우주적 춤의 일부임을 알았다. 삶과 죽음은 영원회귀의 순환궤도에 잇대어 있어 마치 낮과 밤, 동전의 양면과 같다고나 할까.

4장

한국형 살아서 하는 장례식 출판기념회

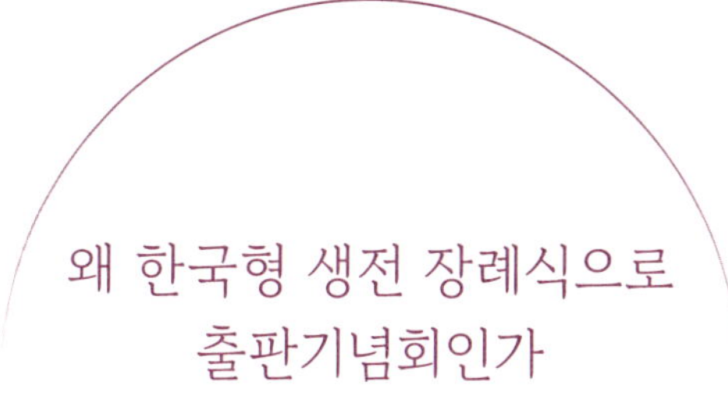

왜 한국형 생전 장례식으로
출판기념회인가

얼마 전 지인의 장례식에 다녀왔다. 고인을 추모하며 그분의 삶을 이야기히는 시간이었지만 정작 당사자는 그 자리에 없었다. 문득 이상한 생각이 들었다. 한 사람의 삶을 기리는 자리에 왜 주인공은 참석할 수 없을까?

요즘 '살아서 하는 장례식'이라는 새로운 문화가 생겨나고 있다. 그 중심에 '출판기념회'가 있다는 것이 흥미롭다. 처음에는 좀 이상했다. 출판기념회가 무슨 장례식이란 말인가? 하지만 생각해 보니 일리가 있었다.

책은 본질적으로 한 사람의 분신이다. 특히 자서전이나 회고록은 더욱 그렇다. 저자의 지식과 경험, 가치관이 모두 담겨 있다. 사람이 세상을 떠난 후에도 책은 남아서 다음 세대와 대화를 이어간다. 어떤 면에서는 가장 완벽한 유산인 셈이다.

전통적인 장례식이 슬픔과 이별에 초점을 맞춘다면 출판기념회는 정반대다. 감사와 축하가 넘치는 자리다. 참석자들은 눈물보다는 미소를 나누고 애도보다는 축복을 전한다. 무엇보다 중요한 것은 따뜻한 교류의 순간을 당사자가 직접 경험할 수 있다는 점이다.

책을 쓰는 과정 자체도 의미가 크다. 자신의 인생을 돌아보며 정리하고 평가하는 시간이다. '내 인생에서 정말 중요했던 것은 무엇이었나?', '나는 어떤 사람으로 기억되고 싶은가?' 이런 질문들을 통해 자신의 존재 의미를 재확인하게 된다. 산 사람이 스스로 자신의 묘비명을 쓰는 것과 같다.

출판기념회는 단순한 책 소개 행사를 넘어선다. 음악을 사랑했던 이는 좋아하던 곡을 연주하고 서예가 취미였던 이는 작품을 전시한다. 한 사람의 인생 예술제가 되는 것이다.

현대 사회에서 죽음은 점점 더 고독한 경험이 되어가고 있다. 병원이나 요양원에서 홀로 맞는 죽음이 많아지면서 죽음은 공동체적 경험이 아닌 개인의 사건이 되었다. 생전 장례식으로서의 출판기념회는 이런 고립된 죽음 문화에 대한 대안이다.

즉, 우리나라에서는 아직 생전 장례식에 대한 인식이 부족하고 그 이미지에 대해 익숙하지 않아 거부감이 있기 때문에 출판기념회를 한국형 장례식으로 대체하자는 취지다. 물론 생전 장례식이라는 용어 외에도 미리 장례식, 아름다운 이별식이라는 용어를 혼용해도 무방하다고 여겨진다.

100세 시대를 맞아 노년기가 단순한 여생이 아니라 여전히 창조의 시간이 될 수 있다는 인식도 확산되고 있다. 출판기념회는 노년의 지혜와 경험을 사회적 자산으로 나누는 의미 있는 기회가 된다.

물론 이런 방식이 모든 이에게 적합한 것은 아니다. 개인의 성향과 가치관에 따라 다양한 선택이 존중되어야 한다. 한국형 생전 장례식으로서의 출판기념회는 죽음과 삶을 잇는 의미 있는 문화적 실천이다.

누구나 자신만의 이야기를 가지고 있다. 그 이야기는 다음 세대에게 전해질 가치가 있다. 출판기념회라는 형식의 생전 장례식은 각자가 자신의 이야기를 정리하고 나누며 인생의 의미를 재발견하는 소중한 기회가 될 수 있다. 그것은 마지막 작별이 아니라 삶의 풍요로움을 함께 나누는 축제가 될 수 있다.

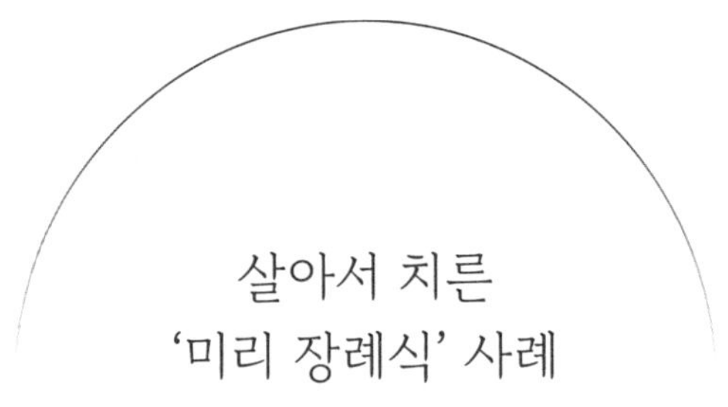

살아서 치른
'미리 장례식' 사례

인간개발연구원 장만기 회장

2018년 가을 장 회장의 출판기념회에 참석했을 때의 기억이 아직도 생생하다. 78세 되신 분이 500여 명의 하객들 앞에서 환하게 웃으며 인사하는 모습을 보며 묘한 감정에 휩싸였다. 기쁨인 듯하면서도 어딘지 모르게 아련한 작별인사 같은 느낌이었다.

행사장에는 많은 사람들이 모였다. 그분이 평생 만나온 정관계, 재계, 학계, 언론계 인사들이 한자리에 모인 모습은 장관이었다. 무엇보다 인상 깊었던 것은 장 회장 본인의 표정이었다. 마치 오랫동안 준비해 온 무언가를 마침내 완성한 듯한 만족스럽고 평온한 미소를 띠고 계셨다.

 인간개발연구원 장만기 회장 출판기념회

"이 자리에 와주신 모든 분들께 감사드립니다. 제가 살아온 이야기를 책으로 남길 수 있어서 참 다행입니다." 인사말은 짧았지만 그 속에 담긴 진심이 느껴졌다. 어쩐지 이것이 단순한 장만기 회장 출판기념회가 아니라는 예감이 들었다.

당시 가족들은 모두 만류했다고 한다. 나이도 있으신데 무리하지 말라고. 하지만 지금 생각해 보니 그분은 무언가를 알고 계셨던 것 같다. 시간이 많지 않다는 것을, 그래서 이 자리가 마지막 인사의 기회가 될 것이라는 것을 말이다.

출판기념회가 끝나고 몇 달 후 장 회장은 뇌졸중으로 쓰러지셨다. 3년 뒤 결국 우리 곁을 떠나셨다. 코로나19 때문에 장례식은 가족들만 참석한 채 조용히 치러졌다. 2018년의 그 출판기념회가 실질적으로는 그분의 '생전 장례식'이었다는 것을, 그

때 깨달았다.

장소영 상무장 회장의 딸를 만났을 때 이렇게 말했다. "아버지가 출판기념회를 하겠다고 하셨을 때 가족들은 모두 말렸어요. 지금 생각해 보면 그 자리가 아버지가 평생 만나온 분들과 마지막으로 인사하는 자리였던 거죠. 출판기념회를 통해 아버지는 자신의 삶을 정리하고 감사의 마음을 전하셨어요."

그 말을 듣는 순간 가슴이 뭉클했다. 전통적인 장례식은 고인을 떠나보내는 슬픔의 자리다. 장 회장의 출판기념회는 감사와 축하, 축복이 넘치는 자리였다. 무엇보다 당사자가 직접 참여해서 자신의 인생을 돌아보고 주변 사람들과 인사를 나눌 수 있었다.

인간개발연구원을 설립하고 45년간 한국의 인재 개발에 힘써 온 분의 삶을 생각해 보면 그 출판기념회는 참으로 그분다운 마무리였다. 마지막까지도 사람들과 만나고 지혜를 나누고 감사를 전하는 자리를 만드셨으니까.

요즘 '웰다잉'이 화두다. 어떻게 하면 잘 죽을 수 있을까 고민하는 사람들이 늘고 있다. 장만기 회장의 사례를 보면 잘 죽는 것은 마지막 순간에 결정되는 게 아니라는 생각이 든다. 평생 어떻게 살아왔는지, 어떤 관계를 맺어왔는지, 무엇을 남기고 싶은지가 더 중요한 것 같다.

"좋은 사람이 좋은 세상을 만든다." 이제야 이 말의 진정한 의미를 알 것 같다. 좋은 사람은 살아있을 때만 좋은 것이 아니라 떠나는 순간까지도 주변 사람들에게 좋은 영향을 미치는 사람이다. 자신의 마지막을 슬픔이 아닌 감사와 축복의 자리로 만들어내는 사람이다.

장만기 회장의 '살아서 치른 장례식'은 우리에게 물음을 던진다. 당신은 어떤 마지막 인사를 하고 싶은가? 언제까지 기다릴 것인가? 지금이라도 늦지 않았다. 감사할 사람들에게 감사를 전하고, 나누고 싶은 이야기를 나누고, 축복받을 일들을 미리 축복받자. 그것이 바로 진정한 웰다잉의 시작일 것이다.

살아서 장례식을 치른 이재락 박사

캐나디 토론토에서 날아온 한 통의 편지가 지인들의 마음을 흔들어놓았다. 2012년 4월, 한국일보에 실린 '나의 장례식'이라는 제목의 공개편지였다. 83세의 내과의사 이재락 박사가 담낭암 말기 판정을 받고 쓴 편지였는데, 그 첫 문장부터 범상치 않았다.

"죽어서 장례는 아무 의미가 없다, 살아서 더운 밥 같이 나누자."

지인들은 처음엔 그저 특이한 사람의 기이한 발상이라고 생각했다. 하지만 이재락 박사의 이야기를 들을수록 마음이 복잡해졌다. 55년 전 미국으로 건너가 의료계에서 일해 온 이 박사는 수많은 장례식을 지켜보며 한 가지 모순을 발견했다고 했다. 관

속에 누운 망자는 조문객들을 볼 수도, 대화를 나눌 수도 없고, 정작 모든 사람들은 장례식이 끝나면 다과실로 가서 사교 시간을 갖는다는 것. 그때 망자만 '찬밥 신세'가 된다는 것이었다.

생각해 보니 정말 그랬다. 왜 죽은 후에야 그 사람을 기리고 추모하는 걸까? 살아있을 때 충분히 사랑한다고 말하고, 감사하다고 표현하고, 함께 웃으며 이야기를 나누면 안 되는 걸까?

2012년 6월 9일 토론토의 결혼식장에서 벌어진 '살아서 치른 장례식'에 300여 명의 사람들이 검은 옷 대신 화려한 꽃무늬 옷을 입고 모였다. 이재락 박사는 관 속에 누운 것이 아니라 건강한 모습으로 직접 손님들을 맞이했다. 이 박사는 초대받은 사람의 손을 잡고 함께 웃고, 대화를 나눴다.

지인들과 함께한 이재락 박사

가장 인상적이었던 것은 유머 감각이었다. "원래 7월에 할 예정이었는데 의사인 아들들 말을 들어 일정을 앞당겼다"라며 "최근 검사 결과 암이 거의 커지지 않아서 너무 서두른 것 아닌가 하는 생각도 든다"라고 말해 사람들을 웃게 만들었다는 것이다. 죽음을 앞두고도 이렇게 여유로울 수 있다니.

행사의 하이라이트는 장남이 부른 프랭크 시나트라의 〈My Way〉였다. "이제 종말이 다가온다. 나는 마지막 커튼을 마주한다. 그리고 그 이상이었던 것은 내 방식대로 살아왔다는 거야." 이 가사를 들으며 모인 사람들은 전율을 느꼈다고 한다. 이 박사는 마지막까지 자신만의 방식으로 살아가고 있었다.

이 박사의 기사를 읽고 나서 한동안 잠을 이루지 못했다. '나는 어떻게 기억되고 싶을까?', '나의 마지막 순간은 어떤 모습일까?', '사랑하는 사람들에게 감사하다고 말할 기회를 놓치지는 않을까?' 하는 질문들이 머릿속을 맴돌았다.

사실 우리나라에서는 상상하기 어려운 일이다. 유교 전통이 강한 곳에서 장례식은 엄숙하고 경건한 의식이어야 한다고 여겨진다. 이재락 박사는 관습에 정면으로 도전했다. 장례식이 누구를 위한 것인지, 무엇을 위한 것인지 근본적인 질문을 던진 것이다.

그로부터 10년이 넘는 시간이 흘렀지만 이 박사의 이야기는 여전히 내 마음에 남아있다. 요즘 웰다잉에 대한 관심이 높아지면서 생전 장례식이나 생전 유품 정리 같은 문화가 조금씩 확산되고 있지만 여전히 소수의 이야기다.

어쩌면 죽음을 너무 멀리 두고 살아가는 것은 아닐까. 죽음을 생각하는 것 자체를 불길하게 여기고 그 이야기를 꺼내는 것조차 꺼린다. 이재락 박사는 죽음을 삶의 자연스러운 일부로 받아들이고 그것마저도 자신의 방식으로 의미 있게 만들어냈다.

"죽어서 장례는 아무 의미가 없다." 이 말이 계속 마음에 울린다. 정말 그럴까? 사랑한다고 말하고, 감사하다고 표현하고, 함께 웃으며 추억을 나누는 것은 살아있을 때 해야 하는 일이 아닐까?

이재락 박사의 용기 있는 선택이 모두에게 던지는 메시지는 명확하다. 죽음을 기다리지 말고 지금 당장 사랑하는 사람들과 따뜻한 시간을 보내라는 메시지다. 마지막 순간까지도 자신만의 방식으로 당당하게 살아가라는 뜻이다.

네 번의 생전 장례식을 치른 후 더 활기찬 서길수 교수

앞에서도 사례로 언급했던 서길수 교수의 생전 장례식 소식을 처음 접했을 때 벌써 네 번의 장례식을 치렀다는 사실을 믿을 수 없었다. 그것도 살아서 말이다. 인터뷰 영상 속 서 교수는 장례식을 네 번이나 치른 사람이라고는 믿기지 않을 만큼 생기 넘치고 활기찼다.

"죽은 뒤 찾아오는 사람들이 무슨 의미가 있는가?" 이 한 마디가 내 가슴을 쳤다. 정말 그렇다. 왜 사람이 죽고 나서야 그 사람의 소중함을 깨닫고 꽃을 들고 가서 눈물을 흘릴까? 살아있을 때 충분히 사랑한다고 말하고 고맙다고 표현하면 안 되는 걸까?

타클라마칸 사막 복로, 쿠차 키질동굴 (2018. 9. 11 이은금 찍음)

서 교수의 이야기를 들을수록 감탄이 나왔다. 에스페란토라는 세계 공통어를 배워 140여 개국을 누빈 이야기, 한국인으로는 처음으로 쿠바에 가서 피델 카스트로를 만난 이야기, 20년 넘게 만주와 몽골을 돌아다니며 고구려 유적 131곳을 직접 발로 뛰며 답사한 이야기까지 80년을 살면서 이렇게 다채롭고 풍성한 인생을 살 수 있구나 싶었다.

무엇보다 놀라운 것은 죽음에 대한 태도였다. 2019년 첫 생전 장례식을 할 때 일부 친구들이 "네가 관 속에 들어가는 걸 보고 싶지 않다"라며 참석을 거부했다고 한다. 사람들이 얼마나 당황스러워했을지 상상이 간다. 서 교수는 개의치 않았다. 오히려 "내가 죽어서 누가 오는지도 모르는 장례식보다는 내가 살아서 조문 온 사람들을 직접 만나는 게 낫다"라고 담담하게 말씀하셨다.

2023년 네 번째 생전 장례식 겸 출판기념회에서 서 교수는 채식 뷔페를 준비하셨다. "꽃을 가져오려면 생명을 꺾어야 하니 가져오지 마세요"라고 당부하신 것도 인상적이었다. 마지막까지 생명을 존중하는 마음을 잃지 않으신 거다.

보도를 통해 접한 서 교수의 모습에서 느낀 것은 죽음을 의식하고 사는 사람이 오히려 더 활기차게 산다는 역설이었다. "인생도 봄 여름 가을 겨울과 거의 같다"라고 하시며 자연의 순환처럼 죽음도 삶의 자연스러운 일부라고 받아들이신 것이다. 그러니까 겨울이 끝이 아니라 다시 봄을 준비하는 과정인 것처럼 말이다.

서 교수를 보며 나는 깨달았다. 평소 죽음을 터부시하고 회피하려 할수록 오히려 삶이 위축된다는 것을. 반대로 죽음을 정면으로 바라보고 받아들일 때 매 순간이 더 소중해지고 더 의미 있게 살 수 있다는 것을 알았다.

서 교수의 네 번의 생전 장례식은 죽음의 예행연습이 아니었다. 오히려 더 깊고 의미 있는 삶을 위한 의식적 선택이었다. 사랑하는 사람들과 살아서 마지막 인사를 나누고, 감사의 마음을 전하고, 함께 웃으며 추억을 나누는 것. 그것이야말로 진정한 작별이 아닐까.

서길수 교수는 에스페란토로 세계와 소통하고 고구려 유적을 찾아 역사의 진실에 다가가고 불교 수행을 통해 내면을 성찰하며 평생 경계를 넘나들며 살아오셨다. 마지막에는 삶과 죽음의 경계마저 허물어버렸다.

그런 분을 보며 나는 생각했다. 진정한 청춘은 나이가 아니라 마음의 자세구나. 죽음을 두려워하지 않고 당당하게 맞이할 준비가 된 사람, 매 순간을 소중히 여기며 감사하는 마음으로 사는 사람이야말로 진짜 젊은 사람이구나.

80세의 서길수 교수는 그렇게 언론을 통해 내게 삶과 죽음에 대한 새로운 시각을 선물해 주셨다. 죽음을 포용할 때 비로소 진정한 삶의 활력을 얻을 수 있다는 역설적이고도 아름다운 진리를 말이다.

일본 열도를 놀라게 한 이노키 선수

어릴 적 토요일 저녁이면 온 가족이 모여 TV 앞에 앉았다. 일본 프로레슬링이 시작되는 시간이었다. 그때 화면에 등장한 거구의 사나이가 바로 안토니오 이노키였다. "어린 시절 꿈을 포기하지 마라!"라는 외침이 브라운관을 통해 전해질 때마다 온 집안이 떠들썩했다.

30년이 훨씬 지나 이노키의 마지막 퍼포먼스 소식을 들었을 때 나는 묘한 감정에 휩싸였다. 2017년 도쿄에서 열린 은퇴 행사는, 공식적으로는 '고별 이벤트'였지만 사실상 살아서 치르는 장례식이나 다름없었다. 만성 심부전으로 쇠약해진 몸을 이끌고 마지막 무대에 선 모습에서 나는 어린 시절의 기억을 떠올렸다.

링 위에서 그토록 강인했던 사나이가 늙고 병들어가는 모습을 보는 것은 충격이었다. 더 놀라운 것은 이노키가 마지막까지 자신만의 방식을 고수했다는 점이었다. 수천 명의 관중 앞에서 여전히 그는 '안토니오 이노키'였다. 트레이드마크인 소금 뿌리기와 백만 달러 흔들기를 마지막으로 선보이는 모습에서 진정한 프로의 정신을 봤다.

프로레슬링은 승부가 미리 정해진 각본 스포츠라고 한다. 인생이라는 더 큰 링에서는 누구도 결말을 미리 알 수 없다. 그럼에도 이노키는 자신의 마지막 장면까지 스스로 연출하려 했다. 죽음조차 하나의 퍼포먼스로 승화시키려는 의지가 대단했다.

이노키가 무하마드 알리와 벌인 '세기의 대결'을 기억하는 사람들에게 마지막 모습은 또 다른 충격이었다. 한때 세계를 떠들썩하게 만들었던 거구의 레슬러가 이제는 겨우 걸음을 옮기는 모습. 하지만 무대에 서자 여전히 빛나는 카리스마. 그 대조가 오히려 더 감동적이었다.

일본 사회에서 이노키의 생전 고별 행사는 꽤 파격적이었다. 죽음을 엄숙하게 다루는 전통적 문화 속에서 자신의 마지막을 축제로 만들어버린 것이다. 어쩌면 이것이 평생 추구해 온 '어린 시절 꿈을 포기하지 마라'는 정신의 완성이었을지도 모른다.

흥미롭게도 이노키는 그 행사 이후 5년을 더 살았다. 2022년 조용히 세상을 떠날 때까지. 마치 자신의 마지막 공연을 마친 배우가 무대 뒤에서 여운을 즐기듯 자신만의 시간을 가졌다.

요즘 '웰다잉'이 화두다. 어떻게 잘 죽을 것인가에 대한 관심이 높아지고 있다. 나는 이노키의 사례를 보면서 생각했다. 잘 죽는다는 것은 마지막까지 자신다운 모습을 잃지 않는 것이 아닐까. 이노키가 링에서 보여준 것처럼 인생이라는 무대에서도 끝까지 주인공으로 살아가는 것 말이다.

"어린 시절 꿈을 포기하지 마라!" 이노키의 마지막 외침이 아직도 귓가에 맴돈다. 79년의 인생을 마감하는 순간까지도 자신의 신념을 포기하지 않았다. 죽음 앞에서도 당당했던 한 레슬러의 모습에서 나는 삶의 진정한 승리가 무엇인지를 배웠다.

부르고 싶은 가곡으로 생전 장례식 치른 이재규 총장

2008년 1월 대구 그랜드호텔에서 벌어진 한 장면을 지인을 통해 전해 들었을 때 나는 묘한 감동에 휩싸였다. 61세의 이재규 대구대 총장이 자신의 퇴임식을 '생전 영결식'이라고 명명하며 직접 노래를 부른 그날의 이야기였다. 그 자리에 참석했던 지인이 들려준 생생한 현장 이야기는 아직도 가슴에 남아있다.

"제가 죽으면 누가 오겠습니까? 그리고 조문을 온다 한들 이미 저는 가고 없는데 무슨 소용이 있겠습니까?" 이 말이 마음을 쳤다. 정말 그렇다. 왜 살아있을 때 충분히 감사를 표현하지 못하고 사랑한다고 말하지 못하는 걸까?

이재규 총장이 선택한 방식은 파격적이었다. 푸치니의 《토스

카》 중 〈별은 빛나건만〉으로 시작해서 〈섬진강〉, 〈고향의 노래〉까지, 150여 명의 지인 앞에서 자신의 인생과 얽힌 음악 이야기들을 들려주었다. 대학생 시절 한 달 하숙비를 털어 스테파노의 독창회를 A석에서 들었던 추억, 노래를 포기하고 경영학을 택했지만 여전히 가슴에 남아있던 테너의 꿈까지.

"고음이 안 올라가고 틀리면 어때요. '스테파노처럼 노래 불러보겠다'는 나에 대한 약속을 지킨 것에 만족합니다." 이 말에서 진정한 용기를 봤다. 완벽하지 않아도 괜찮다는 것, 중요한 것은 자신과의 약속을 지키자는 깨달음이다.

더 감동적인 것은 이 총장이 그날 5천만 원을 장학금으로 기부했다는 사실이다. "60년을 성공적으로 살았으면 베풀 줄도 알아야 한다"라며 자연스럽게 나눔을 실천한 것이다. 퇴임식이자 생전 영결식이자 기부 행사가 된 셈이다.

"늘 자유로운 영혼을 꿈꿔왔습니다. 이제 하늘을 떠다니는 구름처럼 살아야죠." 총장이라는 무거운 자리에서 벗어나 진짜 자신의 삶을 살고 싶다는 소망이 느껴졌다. 61세, 인생 2막을 시작하기에 충분한 나이였다.

이 총장이 인용한 피터 드러커의 말도 인상 깊었다. "사람은 60부터 늙는 것이 아니라 호기심이 사라질 때부터 늙는 거야." 92세에 페루 미술을 공부하던 스승의 모습에서, 97세까지 연주한 첼리스트 카잘스에서, 80세에 새 오페라를 작곡한 베르디에서 늙지 않는 삶의 비밀을 찾았다고 했다.

"인생을 따분하게 살아서는 안 됩니다." 철학이 담긴 이 한 마디가 계속 마음에 맴돈다. 정말 그렇다. 왜 이렇게 조심스럽고 안전하게만 살려고 할까? 왜 꿈을 포기하고 하고 싶은 말을 참고 하고 싶은 일을 미루면서 살까?

이재규 총장의 생전 영결식에서 가장 아름다운 순간은 직접 노래를 부른 순간이었을 것이다. 영결식에서 노래한다는 것, 그것은 죽음과 삶의 경계를 허무는 일이다. 작별인사를 하면서도 새로운 시작을 노래하는 것. 끝이면서 동시에 시작인 순간을 만들어낸 것이다.

"코미디는 끝났습니다. 이제 돌아가 또 일을 합시다." 행사를 마무리하며 한 말에서 여유와 유머가 느껴진다. 인생을 하나의 무대로, 퇴임을 하나의 공연 종료로 바라보는 관점. 이제 새로운 공연을 준비할 시간이라는 기대감이 그렇다.

이 총장의 마지막 아리아는 정말로 새로운 서곡이 되었을 것이다. 총장이 아닌 자유로운 영혼으로서의 삶 말이다. 구름처럼 떠다니며 자신이 진짜 하고 싶었던 일들을 하는 인생 2막 말이다.

이재규 총장의 이야기를 들으며 나도 생각해 본다. 내 인생의 각 단계를 어떻게 마무리하고 시작할 것인가? 언제까지 미루고 또 미룰 것인가? 지금 당장 노래할 수 있는 용기는 있는가? 이 총장의 생전 영결식은 모두에게 이런 질문을 던지고 있다.

칠순에 출판기념회 겸 생전 고별식을 치른 유중희 작가

2023년 10월 안양의 '마벨리에'에서 열린 유중희 작가의 생전 고별식 소식을 들었을 때 나는 가슴이 뭉클했다. 평소 생전 장례식에 관심이 많았던 나에게 이 소식은 특별한 의미로 다가왔다. 70세, 칠순을 맞은 작가가 100여 명의 지인들 앞에서 "제가 죽기 전에 오늘이 마지막인 분들도 계시리라 믿습니다"라고 말했다는 이야기였다.

얼마나 용기 있는 말인가. 보통 이런 생각을 하면서도 입에 담지 못한다. 혹시 불길할까 봐, 혹시 사람들이 이상하게 볼까 봐. 하지만 유중희 작가는 그 진실을 담담하게 받아들이고 사람들과 나눴다. 그것도 자신의 신간 『당신도 바보구먼!』 출판기념회와 함께 말이다.

생전 장례식에 대한 연구와 관심 때문에 나는 얼마 후 유중희 작가를 직접 만날 기회를 가졌다. 그분을 만나 생전 고별식을 치른 경위와 소감을 직접 들을 수 있었다. 그때의 대화가 아직도 생생하다.

"사실 처음엔 가족들이 말렸어요. 너무 이상하다고, 사람들이 어떻게 생각할지 모른다고 하더라고요." 유 작가는 차 한 잔을 마시며 담담하게 말했다. "하지만 정말 마지막일 수도 있는 분들과 살아서 인사하고 싶었어요. 죽고 나서 찾아오시면 제가 뭘 할 수 있겠어요?"

유중희 작가 출판기념회와 생전 고별식

　유 작가의 솔직한 고백을 들으며 나는 더욱 감동받았다. 그 후 디지털책쓰기대학 회원으로도 활동하며 AI 기술을 활용해 자신의 이야기를 더 쉽게 기록할 수 있게 되었다며 기뻐하셨다. "이제는 말만 해도 글이 되고 사진만 찍어도 문서가 되잖아요. 시니어들에게는 정말 좋은 시대예요."

　"제가 죽으면 여러분들에게 연락이 가지 않을 것이지만 49제를 마치고 제 자식이 '49일 전에 부친이 하늘나라로 여행을 떠났다'고 알려드릴 것입니다." 이 말을 직접 들으며 나는 그분의 꼼꼼함에 감탄했다. 죽음 이후의 일까지 미리 준비해 놓는 세심함이라니. 마지막까지 다른 사람들을 배려하는 마음이 느껴졌다.

　"생전 고별식을 하고 나니까 마음이 한결 가벼워졌어요." 유 작가의 소감이 인상적이었다. "고마운 분들께 직접 인사도 드리고 하고 싶었던 말씀도 다 드렸으니까요. 이제 정말 언제 떠나도 후회가 없을 것 같아요."

유중희 작가의 생전 고별식은 고정관념에 도전장을 내민 것 같았다. 죽음을 두려움과 슬픔의 대상이 아니라 삶의 자연스러운 마무리이자 감사와 축하의 시간으로 바꿔놓은 것이다. 관에 누워 아무 말도 할 수 없는 전통적 장례식과는 완전히 다른 모습이었다.

무엇보다 인상 깊었던 것은 출판기념회와 생전 고별식을 함께 열었다는 점이다. 70세에 새 책을 낸다는 것 자체가 대단한데, 그것을 자신의 생전 고별식과 연결시키다니. 책이라는 형태로 자신의 삶과 생각을 남기고 그것을 기념하는 자리에서 사람들과 작별 인사를 나누는 것. 얼마나 의미 있는 일인가.

『당신도 바보구먼!』이라는 책 제목도 재미있다. 70세가 되어서도 여전히 유머 감각을 잃지 않은 작가의 모습이 그려진다. 어쩌면 이것이 진정한 웰에이징이 아닐까. 나이가 들어도 웃음을 잃지 않고 새로운 도전을 멈추지 않으며 마지막까지 자신다운 모습으로 살아가는 것 말이다.

그는 말한다. 살아서 장례식을 치렀으니, 죽고 나선 조문객을 다시 맞을 필요가 없다. 무조문객, 무조의금으로 하다 보니 무빈소 가족장례식으로 치르면 된다. 3일장도 무의미하다. 우리 한국 사회에서 서서히 등장하고 있는 '자발적 단식 존엄사'를 택할 것이다. 걷기를 못하고 침대 생활로 들어갈 시점이나 대소변을 자발적으로 해결하지 못하는 시기가 단식 존엄사에 들어갈 시기로 본다고 한다.

그분과의 만남을 통해 나는 깨달았다. 죽음을 준비한다는 것은 단순히 유언장을 쓰거나 묫자리를 정하는 것이 아니라는 것을. 진짜 준비는 자신의 삶을 정리하고 감사할 사람들에게 고마움을 전하고 나누고 싶은 이야기를 나누는 것이라는 것을.

나도 언젠가는 그런 고별을 할 수 있을까? 70세가 되어서도 새 책을 내고 당당하게 생전 고별식을 열 수 있는 용기를 가질 수 있을까? 유중희 작가의 이야기는 그런 꿈을 꾸게 해준다. 마지막까지 자신다운 모습으로 웃음과 감사를 잃지 않고 살아가는 삶에 대한 꿈을 말이다. 유 작가는 2025년 말 웰다잉수기공모전에서 최우상을 수상하기도 했다.

83세 박정자 배우가 건네는 마지막 커튼콜

"그리고 오늘 여든세 살 나의 장례식에 당신을 초대합니다. 장례식은 엄숙해야 한다고 누가 정했을까요."

신문 기사에서 박정자 배우의 초대장 첫 문장을 읽었을 때 나는 한동안 말을 잃었다. 생전 장례식에 관한 책을 집필하고 있던 나에게 이 소식은 특별한 의미로 다가왔다. 83세의 원로 배우가 150여 명의 지인에게 보낸 '부고: 박정자의 마지막 커튼콜'이라는 제목의 초대장. 그 당당함과 유머 그리고 죽음 앞에서도 잃지 않은 연극인의 정신에 가슴이 뭉클해졌다.

부고(訃告)

박정자의 마지막 커튼 콜

무대 위에 걸터앉아 기다리면 그 시간이 왔습니다
한 발을 바닥에 딛고 다른 한 발은 공중에 띄운 채
조금 전까지도 나의 신발에는 먼지가 묻었고
주머니에는 구겨진 대본이 있었습니다
이제 그 먼지는 바람이 가져가고
대본은 펼쳐지지 않은 채 그대로입니다
하지만 나는 페이지를 넘기지 않습니다

오늘 저는 마지막 장면을 연기했습니다
조명이 꺼지고 막이 내렸습니다 나는 퇴장했습니다
저 구름 너머에도 커튼이 있다면
당신이 이 부고를 볼 때쯤 나는 천천히 걸음을 옮기며
침묵이 새보다 많은 이야기를 하는 곳으로 입장할 것입니다
어쩌면 거기서도 연출과 논쟁하고
스포트라이트를 조정하고
리허설을 하고 있을 것입니다

그리고 오늘 여든세 살
나의 장례식에 당신을 초대합니다
장례식은 엄숙해야 한다고 누가 정했을까요
오늘만큼은 다릅니다 당신은 우는 대신 웃어야 합니다

나의 친구여 나와 오래 동반해준 이여
꽃은 필요 없습니다 꽃 대신 기억을 들고 오세요
마지막으로 들었던 나의 목소리를
내가 좋아했던 대사를
오래된 이야기와 가벼운 농담을
우리가 함께 웃었던 순간을 안고 오세요
이것은 작별이 아니라 쉼이며 끝이 아니라 막간이니까요

가상의 작별 공연에서 거울이 없는 방처럼 나를 떠올려 주세요
얼굴을 비추지 않아도 존재하는 사람처럼
나의 무대는 아직 끝나지 않았습니다

시간 ; 2025년 5월 25일 일요일 오후 2시
장소 ; 강릉시 사천면 산대월리 순포해변

사랑과 환호를 담아
연극배우 박정자 올립니다

내가 집필하는 책의 테마와 정확히 겹치는 사례였다. 이런 소식을 접할 때마다 반가우면서도 신기하다. 한국에서도 점점 더 많은 사람들이 자신만의 방식으로 생전 장례식을 시도하고 있다는 증거이기 때문이다.

"꽃 대신 기억을 들고 오세요. 마지막으로 들었던 나의 목소리를, 내가 좋아했던 대사를, 오래된 이야기와 가벼운 농담을, 우리가 함께 웃었던 순간을 안고 오세요." 이 문장에서 나는 진짜 배우의 마음을 봤다. 화려한 꽃이나 값비싼 조화가 아니라, 함께 나눈 추억과 기억을 가져오라는 당부. 그것이야말로 연극인에게 가장 소중한 선물이 아닐까.

시간이 된다면 꼭 가보고 싶었다. 강릉 순포해변에서 열릴 이 특별한 장례식을 직접 목격하고, 박정자 배우를 만나 이야기를 들어보고 싶었다. 하지만 아쉽게도 일정상 참석할 수 없어서 못내 아쉬웠다. 그 대신 이 놀라운 사례를 내 책의 한 꼭지로 담아야겠다는 생각이 들었다.

더욱 놀라운 것은 이 생전 장례식이 단순한 이벤트가 아니라 실제 영화 촬영과 결합되었다는 점이다. 유준상 감독의 〈청명과 곡우 사이〉라는 영화에서 한 여배우의 늙어감과 죽음을 다루는 상여 장면을 촬영하면서, 그것을 자신의 사전 장례식으로 승화시킨 것이다. 예술과 삶이, 연기와 현실이 경계를 허무는 순간이었다.

〈청명과 곡우 사이〉라는 영화 제목도 의미심장하다. 봄꽃이 활짝 피는 시기를 뜻하는 절기 이름을 죽음에 관한 영화 제목으로 쓴 것이다. 죽음이 끝이 아니라 새로운 계절의 시작이라는 메시지가 담긴 것 같다.

비록 직접 참석하지는 못했지만 그 광경을 상상해 본다. 바다를 배경으로 한 강릉 해변에서 펼쳐질 박정자 씨의 마지막 커튼콜. 김동호, 손숙, 장사익 등 문화계 거장들이 한자리에 모여 한 배우의 마지막 무대를 함께하는 모습. 150여 명의 지인이 꽃 대신 추억을, 눈물 대신 웃음을 가져올 그 자리.

"누구도 안 한 짓거리를 내가 하는 거니까, 하하" 하며 웃는 박정자 배우의 모습이 눈에 그려진다. 83세라는 나이에도 새로운 도전을 멈추지 않는 정신력이 대단하다.

"이것은 작별이 아니라 쉼이며 끝이 아니라 막간이니까요. 얼굴을 비추지 않아도 존재하는 사람처럼 나의 무대는 아직 끝나지 않았습니다." 초대장의 마지막 문장에서 나는 연극인 박정자의 철학을 읽는다.

이런 사례들을 접할 때마다 내가 쓰고 있는 책의 의미를 새삼 느낀다. 한국에서도 점점 더 많은 사람들이 자신만의 방식으로 죽음을 준비하고 생전에 작별을 나누려 한다는 것. 그리고 그 과정에서 죽음이 더는 두려움의 대상이 아니라 삶의 자연스러운 마무리이자 새로운 시작이 될 수 있다는 것을.

박정자 배우의 사전 장례식은 분명 내 책에서 중요한 사례가 될 것이다. 비록 직접 참석하지는 못했지만 그 정신과 의미는 충분히 전해진다. 83세의 나이에도 "당신은 우는 대신 웃어야 합니다"라고 말할 수 있는 용기, 그것이야말로 진정한 웰다잉의 모습이 아닐까.

이런 흐름은 2025년 하반기 이후 더욱 뚜렷해지고 있다. 2025년 10월 경기도 양평에서는 배우 신애라 씨의 아버지 신영교 씨가 가족들과 함께 자신의 생애를 아름답게 마무리하는 생전 장례식을 열어 화제가 되었다.

그리고 2026년 3월, 공인구 박사는 『살려면 이 책을 보라』 출간을 계기로 출간기념회 겸 엔딩 파티 형식의 생전 장례식을 직접 치렀다. 모인 사람들 대부분은 가족과 가까운 지인들로 200여 명이었다. 필자도 그 자리에 함께했다.

자리 곳곳에서 '왜 벌써?'라는 의구심 섞인 표정도 보였다. 생전 장례 행사가 무르익을수록 그 표정들은 조용한 공감으로 바뀌어 갔다. 살아서 하는 이별이 낯선 것이 아니라 세상이 그쪽으로 흘러가고 있다는 것을, 그 자리에 있던 사람들 모두가 몸으로 느끼는 듯했다.

5장

AI 시대의
자서전 책쓰기 혁명

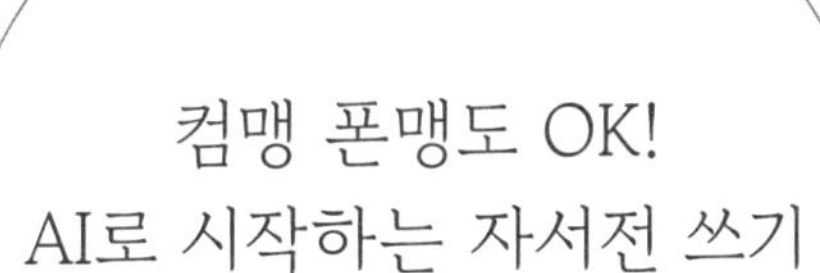

얼마 전 70대 후반의 한 수강생 분이 내게 이런 말씀을 하셨다. "김 작가, 나도 내 인생 이야기를 책으로 남기고 싶은데 컴퓨터를 잘 몰라서 엄두가 안 나요. 타이핑도 못하고 워드 프로그램도 어려워서 말이야." 그 순간 깨달았다. 얼마나 많은 시니어가 이런 기술적 장벽 때문에 자신의 소중한 이야기를 세상에 남기지 못하고 있는지를 말이다.

나는 그분께 이렇게 말씀드렸다. "대표님, 지금 당장 스마트폰만 있으면 됩니다. 말하고 찍고 듣기만 하면 멋진 자서전을 완성할 수 있어요." 처음에는 반신반의하시더니 한 달 후 내게 연락을 주셨다. "김 작가 말이 맞아요. 정말 신기한 세상이에요!"

스마트폰의 놀라운 기능 중 하나는 바로 음성인식이다. 메모 앱을 열고 마이크 버튼만 누르면 된다. 그리고 평소 하던 대로 말하면 그대로 글자로 바뀐다. 지난달 세미나에 참석하신 75세 김 교장선생님은 "손자한테 옛날이야기 해주듯이 스마트폰한테 말했더니 정말 글이 되더라고요"라고 하셨다. 어린 시절 명절 준비하던 이야기, 결혼 초기 고생했던 일들, 아이들 키우면서 웃고 울었던 기억들을 하나씩 말하니까 어느새 한 편의 이야기가 완성되었다고 한다.

오래된 사진이나 편지, 일기장 등을 스마트폰으로 찍으면 그 안의 글자를 인식해서 텍스트로 변환해 주는 기능도 있다. 한 참 가자는 돌아가신 아버지가 쓰신 편지들을 모두 사진으로 찍어서 디지털 텍스트로 만들었다. "아버지의 글씨체는 못 살리지만 그 내용만은 영원히 보존할 수 있게 되었어요"라고 하시면서 눈물을 글썽이셨다.

몸이 불편한 분들에게는 더욱 큰 도움이 된다. 손목이 아파서 오래 글쓰기가 힘든 분들도 음성으로 말할 수 있고 시력이 좋지 않은 분들도 화면을 크게 키워서 볼 수 있다. 휠체어를 타고 계신 한 분은 "침대에 누워서도 얼마든지 글을 쓸 수 있어서 너무 좋다"라고 하셨다. 텍스트를 음성으로 읽어주는 기능도 유용하다. 자신이 쓴 글을 스마트폰이 읽어주는 것을 들으면서 어색한 부분을 수정할 수 있다.

스마트폰의 가장 큰 장점은 휴대성이다. 언제 어디서나 떠오르는 생각을 바로 기록할 수 있다. 침대에 누워있을 때 갑자기 떠오른 어린 시절 기억, 공원 벤치에 앉아 있을 때 문득 생각나는 어머니의 모습, 병원 대기실에서 새삼 느끼는 건강의 소중함 등 이런 순간들을 놓치지 않고 담을 수 있다. 한 분은 "밤에 잠자리에서 옛날 생각이 자꾸 나는데 이제는 스마트폰에 바로 말해서 기록해 둬요"라고 하셨다.

실제로 이런 방법으로 책을 완성하신 분들이 많다. 스마트폰 활용 책쓰기 교육을 받은 75세 조화옥 씨는 6개월 만에 300페이지 분량의 자서전을 완성했다. "처음에는 스마트폰 터치하는 것도 무서웠는데 이제는 손자보다 잘 쓸 것 같아요"라고 웃으며 말씀하셨다. 74세 이 회장은 평생 모은 건축 기술 노하우를 책으로 엮으셨다. "도면을 스마트폰으로 찍어서 설명을 음성으로 녹음했더니 정말 실용적인 책이 나왔어요"라고 하셨다.

무엇보다 새로운 프로그램을 익힐 필요 없이 평소 쓰던 스마트폰 기능만 조금 더 활용하면 된다는 점이 매력적이다. 복잡한 컴퓨터 프로그램 대신 친숙한 스마트폰으로 시작할 수 있으니 부담이 훨씬 적다. 이제 '컴퓨터를 못해서 책을 못 쓰겠다'는 말은 변명이 될 수 없다. 스마트폰만 있으면 누구나 자신만의 멋진 이야기를 세상에 남길 수 있다. 게다가 요즘 GPT가 가세해 책쓰기에서 특히 스마트폰의 여러 기능을 능가하고 있다.

말로만 해도 글이 되는 놀라운 세상

"우리 집은 경상도 안동 시골마을에 있었다. 앞마당에는 감나무가 있었고 뒷마당에는 작은 텃밭이 있었다."

이렇게 말하기만 하면 스마트폰이 알아서 글자로 바꿔준다. 얼마 전 디지털책쓰기 5대학의 82세 김 회장이 처음 이 기능을 경험하시고는 "이게 정말 되네!" 하시며 신기해하던 모습이 떠오른다. 당신이 평생 펜으로만 글을 써오셨는데 말만 하면 글이 된다는 것이 마법 같다고 했다.

정말 놀라운 세상이다. 불과 몇 년 전만 해도 컴퓨터 자판을 칠 줄 모르면 글쓰기가 어려웠다. 이제는 스마트폰만 있으면 된다. 안드로이드폰이라면 메모 앱을 열고 키보드의 마이크 버튼만 누르면 된다. 아이폰 사용자는 설정에서 받아쓰기 기능을 켠 후 말하기만 하면 즉시 텍스트로 변환된다.

음성 인식 기능을 더 정확하게 사용하려면 몇 가지 요령이 있다. 평소보다 조금 더 또박또박 말하되 너무 빨리 말하지 않는 것이 좋다. 문장 단위로 끊어서 말하면서 "쉼표", "마침표"라고 말하면 문장부호도 자동으로 들어간다. 특히 반가운 점은 방언도 충분히 인식된다는 것이다. 오히려 사투리가 들어간 자서전이 더 정감 있고 생생하다.

요즘에는 더 놀라운 기술이 나타났다. GPT의 음성 채팅 기능이다. 단순히 말을 문자로 바꾸는 것을 넘어서 AI와 대화하듯 자신의 이야기를 풀어놓으면 AI가 알아서 정리해 준다. 옆에 전문 작가가 앉아있으면서 내 말을 듣고 글로 다듬어주는 것 같다.

74차 GPT 활용 책쓰기 강좌에 참여하신 이 총장님은 "손자와 카톡하듯이 GPT한테 말했더니 내 인생 이야기가 근사한 글이 됐다"라며 감탄했다. 6·25 전쟁 때 피난 경험을 AI에게 말로 들려주었는데 AI가 이야기를 감동적인 수필로 다듬어주었다고 했다. "내가 이런 글을 쓸 줄 몰랐는데 AI가 내 마음속 이야기를 더 잘 표현해 주더라"라는 말씀이 인상적이었다.

기술의 발전 덕분에 책쓰기가 훨씬 수월해졌다. 예전에는 아이디어가 떠올라도 글로 옮기기까지 시간이 오래 걸렸다. 이제는 생각나는 즉시 말로 기록할 수 있다. 게다가 AI가 다양한 아이디어를 제안해 주기도 하고 막힌 부분을 해결해 주기도 한다.

가령 "어머니에 대한 추억을 쓰고 싶은데 어떻게 시작해야 할까요?"라고 물으면 AI가 여러 가지 방법을 제시해 준다. "어머니의 손을 기억하세요?", "어머니가 자주 하시던 말씀이 있나요?", "어머니와 함께한 가장 행복했던 순간은 언제인가요?" 같은 질문들로 기억의 문을 열어준다.

더 놀라운 것은 AI가 문체까지 맞춰준다는 점이다. '따뜻하고 정감 있는 문체로 써달라'고 하면 그렇게 써주고 '간결하고 담백하게 써달라'고 하면 또 그런 식으로 써준다. 내 마음을 읽어주는 비서 같다.

처음에는 틀려도 괜찮다. 완벽한 문장을 만들려고 너무 고민하지 말고 생각나는 대로 자유롭게 말해보자. AI와 대화하듯 편안하게 이야기하면 된다. "그때 기분이 어땠나요?", "더 자세히 설명해 주세요"라고 AI가 물어보는 질문에 자연스럽게 대답하다 보면 어느새 풍성한 이야기가 완성된다.

중요한 것은 머릿속에 있는 소중한 기억들을 놓치지 않고 기록하는 것이다. 기술은 도구일 뿐 진짜 중요한 것은 그 안에 담긴 여러분의 진솔한 이야기다. 60년, 70년을 살아오면서 쌓인 경험과 지혜는 어떤 AI도 대신할 수 없는 고유한 가치다. 특히 과거에 직위가 높았던 분들은 주로 비서나 조교들이 컴퓨터 등의 업무를 대신했기에 컴맹, 폰맹이 많다. 하지만 GPT의 출현으로 그런 과정을 넘어서고 있다.

요즘 시니어들이 "나도 책을 쓸 수 있구나"라며 놀라워하는 모습을 자주 본다. 정말 그렇다. 말할 수만 있으면 누구나 작가가 될 수 있는 시대다. 컴맹이어도 폰맹이어도 상관없다. 그저 마음을 열고 자신의 이야기를 들려주기만 하면 된다.

기술이 이렇게 발전한 지금 이제는 "나는 글재주가 없어서"라고 말할 이유가 없다. 여러분의 인생이 곧 최고의 스토리이고, 그 이야기를 세상에 남기는 것이 후세대에게 줄 수 있는 가장 소중한 선물이다. 말하기만 하면 책이 되는 이 마법 같은 시대를 놓치지 말자.

서랍 속 보물들을 디지털로 되살리다

AI책쓰기 수강자 분 중 한 분이 내게 보여준 낡은 일기장을 보는 순간 친정 고모가 떠올랐다. 수강자분은 당신의 어머니가 평생 써오신 일기를 소중히 어루만지며 "이걸 다시 써서 보관하고 싶은데 너무 많아서 엄두가 안 난다"라고 했다. 그 모습이 생전에 고모가 내게 하셨던 말씀과 너무 닮아서 가슴이 뭉클했다.

고모는 수십 년간 일기를 써오셨다. 젊어서부터 성실하게 하루도 빠짐없이 썼던 그 일기장들이 방 한편에 가지런히 쌓여있던 모습이 아직도 선하다. "언젠가는 이걸 정리해서 책으로 만들고 싶다"라는 말씀을 자주 하셨다. 그때는 그냥 지나가는 말씀인 줄만 알았다.

그러던 중 7년 전 갑작스럽게 암 진단을 받으시고 순식간에 돌아가셨다. 투병할 시간도 준비할 여유도 없이 너무 급작스러웠다. 안타깝게도 고모는 그 소중한 소망을 당신의 자녀들에게도 제대로 전하지 못하셨다. 아마 마지막까지 '건강이 회복되어 괜찮아질 거야'라는 희망을 품고 계셨을 것이다.

요즘 AI를 활용한 책쓰기 코치로 활동하면서, 나는 고모의 일기장에 대한 아쉬움이 크다. 지금 같은 기술이 그때에도 있었다면 고모의 소망을 쉽게 이루어드릴 수 있었을 텐데 아쉽기 그지없다. 수십 년간 써온 일기를 사진으로 찍어서 디지털로 변환하고 AI의 도움을 받아 감동적인 자서전으로 엮을 수 있었을 텐데 말이다. 최근 실제로 AI를 활용한 책쓰기 강좌에서 배운 것을 토대로 당신의 일기를 텍스트화해 책 출간을 하신 분이 계시다.

고모가 돌아가시고 얼마 후 고종사촌을 만났을 때 그 일기장들에 대해 물어봤다. "엄마가 평생 썼던 일기장들은 어떻게 됐어?" 돌아온 대답이 충격이었다. "아, 그것들? 짐 정리하면서 다 버렸어. 너무 많아서 뭘 어떻게 해야 할지 모르겠더라고."

그 순간 정말 허탈했다. 고모의 80년 인생이 고스란히 담긴 소중한 기록들이 그렇게 사라져버렸다니. 만약 고모가 생전에 그 소망을 자녀들에게라도 명확히 전달하셨다면 혹은 조금 더 일찍 그 기술이 나왔더라면 하는 마음이 지금도 남아있다.

그 일이 있은 후 더욱 절실히 느꼈다. 시간은 기다려주지 않는다는 것을. 그래서 지금 만나는 분들에게 항상 강조한다. "미루지 마세요. 지금 당장 시작하세요"라고 말하곤 한다.

앞에서 예를 들었던 수강자분께 '사진찰칵문서스캔' 앱을 보여드렸을 때의 일이다. 당신 어머니의 낡은 일기장을 촬영한 후 텍스트 버튼을 누르니 60년 된 손글씨가 자동으로 글자로 추출되었다며 표정이 순간 환해지셨다. "이런 게 가능하다니 정말 신기한 세상이구나!"

요즘에는 더 놀라운 기술이 나왔다. GPT에 손글씨 사진을 올리기만 해도 곧바로 텍스트로 변환해 준다. 더욱 신기한 것은 단순히 글자만 옮기는 것이 아니라 내용을 이해하고 정리까지 해 준다는 점이다. 고모가 살아계셨다면 얼마나 좋아하셨을까.

이런 기능들을 수강자들에게 알려드릴 때 기뻐하는 모습을 보면 고모 생각이 더 난다. 최신 AI의 급속한 발전으로 서랍 속에 묵혀둔 소중한 자료들을 일일이 다시 타이핑할 필요 없이 사진만 찍으면 되는 세상이다. 어머니가 남긴 일기장, 아버지의 옛날 편지, 아이들이 어릴 때 그린 그림과 함께 쓴 글들이 모두 디지털로 되살아날 수 있는 진풍경이다.

깨끗하게 찍는 요령도 금방 익힐 수 있다. 형광등 아래나 창문 근처 밝은 곳에서 찍고 문서를 평평하게 펴서 스마트폰을 정면에서 촬영하면 된다. 한 번에 잘 안되면 각도를 바꿔서 여러 번 찍어봐도 괜찮다. 연습하면 점점 더 잘 된다.

이 기능을 배운 수강자는 당신 어머니의 일기를 모두 디지털로 변환하여 가족들과 공유하고 계신다. "어머니의 글씨체까지 그대로 보존할 수 있어서 더욱 좋다"라고 하시며 손자들도 증조할머니의 이야기를 읽을 수 있게 되었다고 기뻐하신다.

이런 기술의 발전 덕분에 책쓰기가 정말 쉬워졌다. 예전에는 오래된 자료를 책에 포함시키려면 일일이 타이핑해야 했다. 이제는 사진 한 장이면 된다. GPT는 단순히 글자만 변환하는 것이 아니라 "이 일기를 바탕으로 감동적인 에피소드를 써달라"라고 요청하면 척척 해준다.

또 다른 수강자는 "내가 군대에서 쓴 일기를 손자가 읽고 '할아버지도 젊었을 때가 있었구나'라고 하더라"라며 웃으셨다. 또 어떤 수강자는 "어머니의 요리법을 AI가 정리해 준 것을 며느리에게 줬더니 너무 좋아하더라”라고 하셨다.

고모의 일기장들이 사라진 후, 아무리 소중한 기록이라도 그 가치를 모르면 쉽게 버려질 수 있다는 것을 깨달았다. 그래서 더욱 절실하게, 서랍 속에 잠자고 있는 보물들을 지금 당장 꺼내서 사진으로 찍어두라고, 미루다가는 영영 사라질 수 있다고 전한다.

기술은 계속 발전하지만 한 번 사라진 기록은 다시 돌아오지 않는다. 고모의 80년 인생이 담긴 그 일기장들처럼 말이다. 그래서 나는 오늘도 만나는 분들에게 전한다. “지금이야말로 여러분의 이야기를 책으로 만들 최고의 시기입니다. 더는 미루지 마세요.”

내 목소리로 듣는 나의 이야기

자서전을 힘겹게 마무리한 9대학의 91세 김 회장이 푸념을 하셨다. “책을 다 써놓고 처음부터 끝까지 읽어보려니 눈이 너무 피곤해. 나이가 들수록 오래 읽기가 힘들어지더라고.” 그 말씀을 들으며 나는 무릎을 쳤다. 스마트폰 앱에 글을 읽어주는 놀라운 기능이 있다는 것을 떠올렸기 때문이다.

“회장님, 스마트폰이 책을 읽어준다는 것 아세요?” 회장은 의외라는 표정으로 나를 바라보셨다. 스마트폰 앱은 물론이고 GPT에서도 음성으로 읽어주기 기능이 있어 버튼만 누르면 예쁜 목소리로 들려준다.

실제로 해보시더니 회장의 표정이 신기함으로 가득해졌다. "내가 쓴 글을 기계가 읽어주니까 마치 다른 사람이 내 이야기를 들려주는 것 같네!" 감탄사가 귀엽기까지 했다.

이 기능을 활용하면 정말 여러 가지 재미있는 일들을 할 수 있다. 우선 교정 작업에 최고다. 글을 직접 읽을 때는 눈으로 훑어보며 놓치던 어색한 문장이나 반복되는 단어들을 귀로 들으면 쉽게 찾을 수 있다. 마치 다른 사람이 내 글을 읽어주는 것 같아서 객관적으로 판단할 수 있기 때문이다.

며칠 후 그 회장께서 연락이 왔다. "손자가 놀러 와서 같이 들어봤는데 정말 좋더라. 아이가 '할아버지 책 재미있어요'라고 하네!" 가족들과 함께 활용하는 것도 참 좋은 방법이다. 명절에 온 가족이 모여서 할아버지, 할머니의 인생 이야기를 함께 듣는 시간을 가져보면 어떨까. 아이들에게는 살아있는 역사 공부가 되고 어른들에게는 소중한 추억이 되리라.

더 놀라운 것은 책 한 권 분량 전체를 클라우드에 업로드해 두면 언제 어디서든 들을 수 있다는 점이다. 산책할 때 버스나 지하철에서 이동할 때 심지어 잠자리에 누워서도 자신이 쓴 이야기를 들을 수 있다. 한 할머니는 "병원에서 검사 기다리면서 내 책을 듣고 있으니까 시간이 금방 간다"라며 웃으셨다.

또한 스마트 TV에 스마트폰 화면을 미러링하는 기능도 있다. 큰 TV 화면으로 글자를 보면서 동시에 음성으로 들을 수 있어서 일거양득이다. 글자 크기도 키울 수 있고 어색한 부분이 있으면 즉석에서 수정도 가능하다. 가족들이 모두 모여 대형 TV로 할아버지의 자서전을 보고 들으며 함께 감상하는 모습을 상상해 보라. 얼마나 따뜻하고 의미 있는 시간이 될까.

수강자 중 박 선생은 이 기능을 알고 난 후 "내가 직접 읽는 것보다 기계가 읽어주니까 더 집중이 잘 된다"라고 하셨다. 정말 그렇다. 자신이 쓴 글을 자신이 읽으면 이미 내용을 알고 있어서 대충 넘어가기 쉬운데 음성으로 들으면 한 글자 한 글자 놓치지 않고 들을 수 있다.

완성된 자서전을 마치 오디오북처럼 감상하며 뿌듯함을 느끼는 것도 큰 즐거움이다. '내가 정말 책을 썼구나'라는 성취감과 함께 '내 인생이 이렇게 풍성했구나'라는 깨달음도 얻게 된다. 어떤 분은 "들으면서 눈물이 났다. 힘들었던 시절도 있었지만 결국 잘 살아왔구나 싶더라"라고 말씀하셨다.

특히 시력이 좋지 않으신 분들에게는 정말 유용한 기능이다. 백내장 수술을 받으신 5대학의 송 회장은 "수술 후 회복 기간에 책을 읽을 수 없어서 답답했는데 이 기능 덕분에 내 자서전을 끝까지 들을 수 있었다"라며 고마워하셨다.

음성 인식 기술이 발달하면서 이제는 방언도 상당히 정확하게 읽어준다. 사투리로 쓴 부분도 자연스럽게 들려서 더욱 정감이 간다. "우리 할머니 목소리 같다"라며 좋아하는 손주도 많다.

이런 기술들을 활용하면 자서전 쓰기가 더욱 재밌어진다. 쓰는 과정에서도 중간중간 들으며 점검할 수 있고 완성 후에도 언제든지 감상할 수 있다. 게다가 가족들과 함께 나누는 즐거움까지 더해진다.

다른 수강자는 "손자가 대학교에서 기숙사 생활을 하는데 잠들기 전에 할머니 자서전을 들으며 잔다고 하네. 할머니 목소리로 자장가를 들려주는 것 같다며"라고 하셨다. 그 이야기를 들으며 가슴이 뭉클했다.

기술이 이렇게 발달한 지금, 이야기는 글자로만 남는 것이 아니라 소리로도 영원히 보존될 수 있다. 아이들과 손주들이 언제든지 조부모의 목소리로 인생 이야기를 들을 수 있는 세상이다. 이보다 더 아름다운 유산이 또 있을까.

오늘도 AI가 읽어주는 자신의 이야기를 들으며 미소 짓고 계실 수강자분들을 생각하면 마음이 따뜻해진다. 내가 쓴 이야기를 내 귀로 들어보는 특별한 경험을 여러분도 한번 시도해 보시길 바란다.

언제 어디서나 이어가는 글쓰기

자서전은 하루 이틀에 완성되는 것이 아니다. 몇 달 때로는 몇 년에 걸쳐 조금씩 써나가는 긴 과정이다. 매번 같은 장소에서만 글을 쓸 수는 없지 않은가? 병원 대기실에서 문득 떠오른 어린 시절 기억, 공원을 산책하다 생각난 아버지와의 추억들, 그 순간

놓치고 싶지 않을 때가 있다.

얼마 전 수강생 중 정 대표가 이런 고민을 털어놓으셨다. 집에서 쓰다가 밖에 나가면 못 쓰고 그러다 보면 생각났던 것도 까먹는다고 하셨다. 그때 내가 알려드린 것이 바로 구글 드라이브였다. Gmail 계정만 있으면 무료로 사용할 수 있는 이 인터넷 저장 공간이 정 여사의 글쓰기를 완전히 바꿔놓았다.

구글 드라이브 앱을 설치하고 구글 문서를 만들어 '나의 자서전'이라는 제목을 정한 후 글쓰기를 시작하니 정말 놀라운 일이 일어났다. 집에서 컴퓨터로 쓰다가 나가서 스마트폰으로 이어서 쓰고 병원 대기실에서도 계속 쓸 수 있게 된 것이다. 글을 쓰는 즉시 자동으로 저장되어 정전이 되거나 스마트폰이 꺼져도 안전했다. 실수로 지워버렸을 때도 이전 버전으로 언제든 되돌릴 수 있어서 마음이 놓였다.

정 대표는 며칠 후 신이 나서 말씀하셨다. "집에서는 편안한 의자에 앉아서 긴 글을 쓰고 병원에서는 대기시간에 건강에 대한 생각을 정리해요. 공원 벤치에 앉아서는 자연과 관련된 추억을 기록하고 있어요"라며 환한 미소를 지었다. 장소에 따라 다른 감성으로 글을 쓸 수 있다는 것이 새로운 즐거움이었다고 실토했다.

더욱 감동적인 것은 가족들과 함께 활용하는 모습이었다. 구글 문서는 여러 사람이 동시에 볼 수 있어서 자녀에게 도움을 요청할 수 있었다. 아들이 아버지한테 이 부분을 좀 더 자세히 써보라는 조언도 해주고 옛날 사진을 함께 보며 기억을 되살리기도 했다. 심지어 미국에 사는 둘째 아들도 실시간으로 아버지의 글을 보며 댓글을 달아주었다.

AI책쓰기코칭협회에서 책쓰기를 하는 분들은 구글 드라이브의 위력을 더욱 실감한다. 코치와 저자, 출판사가 만나지 않고도 책을 완성해 내는 경우가 많다. 부산에 사는 김 선생이 서울의 코치와 함께 작업하거나 제주도에 사는 허 회장이 대전의 출판사와 협업하는 것이 일상적인 풍경이 되었다.

최근 9대학 회원이며 대구에 사는 김숙희 여사의 사례가 인상적이었다. 다리가 불편해 직접 만날 수 없는 처지에 구글 드라이브를 통해 6개월 만에 자서전을 완성하셨다. 김 여사는 구글 문서에 글을 직접 올리고 수정하고 출판사, 디자이너, 코치 작가가 동시에 그 문서를 공유해 병렬식 작업을 진행했다.

김 여사는 그 신기함을 이렇게 피력했다. 당신이 글을 쓰면 바로 서울의 선생님이 보고 조언을 주고 출판사에서는 편집을 하고 디자이너는 표지를 만들고…, 모든 게 동시에 진행되는 게 옛날 같으면 생각지도 못한 일이라 했다. 김 여사의 말씀처럼 이런 디지털 방식은 출간 속도를 획기적으로 단축시킨다.

전통적인 방식으로 책을 내는 업체들과 비교해 보면 그 차이가 확연하다. 보통 원고 완성 후 편집, 디자인, 인쇄 과정을 순차적으로 거치면서 최소 6개월에서 1년이 걸린다. 구글 드라이브를 활용한 병렬 작업으로는 최소 서너 달은 앞당길 수 있다. 실제로 작년에 작업한 한 교수는 "1월에 글쓰기를 시작해서 6월에 책이 나왔어요. 친구들이 깜짝 놀라더라고요”라고 하셨다.

더욱 놀라운 것은 실시간 소통이 가능하다는 점이다. 구글 문서의 댓글 기능을 통해 “이 부분 좀 더 자세히 써주세요”, “여기 사진을 추가하면 좋겠어요” 같은 피드백을 즉시 주고받을 수 있다. 여러 명이 한 책상에 앉아 함께 작업하는 것처럼 느껴진다.

한번은 제주도에 사는 황 회장이 새벽 5시에 글을 올렸는데 서울의 코치가 6시에 피드백을 주고 부산의 편집자가 8시에 수정 제안을 했다. 황 회장은 전국의 전문가들이 당신의 책을 위해 일해 주는 것 같아서 기분이 좋았다고 하셨다.

처음에는 어색해하시는 분들도 계신다. 컴퓨터로 하는 게 익숙하지 않다며 망설이는 모습을 자주 본다. 막상 해보면 이렇게 편한 줄 몰랐다며 금세 적응하신다. 특히 자녀들이 실시간으로 글을 보고 격려해 주는 모습에 더욱 힘을 얻으신다.

요즘에는 음성 입력까지 가능해져서 말하기만 해도 글이 되고 그것이 바로 구글 드라이브에 저장된다. 정말 꿈만 같은 세상이다. 언제 어디서나 떠오른 생각을 즉시 기록하고 관련 전문가들과 협업해 책을 만들어낼 수 있는 시대다. 이런 기회를 놓치지 말고 지금 당장 시작해 보시길 권한다.

구글 드라이브는 단순한 저장 공간이 아니라 꿈을 현실로 만들어주는 마법의 도구다. 여러분의 소중한 인생 이야기가 이 작은 클라우드 공간을 통해 영원히 남을 수 있는 책으로 탄생하기를 기대한다.

시작이 반이다

AI 자서전 쓰기, 생각보다 어렵지 않다. 가장 중요한 것은 완벽하게 하려고 하지 않는 것이다. 처음에는 서툴러도 괜찮다. 음성 인식이 틀려도 괜찮고 사진이 흐릿해도 괜찮다. 중요한 것은 시작하는 것이고 포기하지 않는 것이다.

컴퓨터를 몰라도 타이핑을 못해도 복잡한 프로그램을 모르더라도 AI 덕분에 가능하다. 말하고 찍고 듣기만 하면 된다. 이렇게 간단한데 왜 망설이는가?

얼마 전 9대학의 70대 후반 박 교수가 내게 당신의 첫 자서전 원고를 보여주셨다. AI 음성 인식으로 쓰신 글이었는데 정말 생생하고 감동적이었다. 그분의 감회가 더 감동이다. "처음에는 반신반의했는데 정말 쉽더라. 이제 매일 조금씩 써서 올해 안에 책으로 만들 생각"이라며 환하게 웃으셨다. 수강자로부터 이런 말을 들을 때 엔돌핀이 솟는다.

지금 당장 스마트폰을 꺼내서 메모 앱을 열어보자. 마이크 버튼을 눌러서 이렇게 말해보자. "나는 ○○년 ○○에서 태어났다. 우리 집은⋯." 바로 이것이 여러분 자서전의 첫 문장이 될 것이다.

시작이 반이라고 하지 않던가? 완벽한 준비를 기다리지 말고 지금 당장 시작해 보자. 여러분의 소중한 인생 이야기가 스마트폰이라는 작은 도구를 통해 아름다운 책으로 탄생하기를 기대한다.

세상은 빠르게 변하고 있다. 기술도 하루가 다르게 발전한다. 변하지 않는 것이 있다. 바로 사람들의 이야기에 대한 갈증이다. 여러분이 살아온 이야기 속에 담긴 지혜와 경험은 다음 세대에게 전해줄 가장 소중한 유산이다. 이제 그 이야기를 세상에 들려줄 도구도 준비되었다. 시작해 보지 않겠는가?

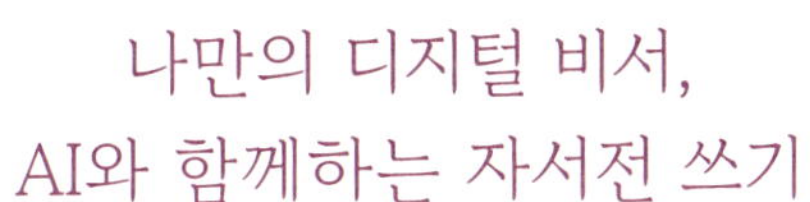

나만의 디지털 비서,
AI와 함께하는 자서전 쓰기

AI, 더는 두려워할 필요 없다

73차 수강생분 중 곽 사장이 내게 이런 말씀을 하셨다. GPT라는 게 있다던데 그게 뭔지도 모르겠고 어려울 것 같아서 겁이 난다고 했다. 나는 곽 사장께 이렇게 답변했다. "걱정하지 마세요. GPT는 컴퓨터 속에 사는 똑똑한 친구라고 생각하시면 됩니다."

정말 그렇다. GPT는 무서운 존재가 아니라 도와주는 친절한 비서다. 오랜 경험을 가진 편집자가 옆에 앉아서 "이 부분은 이렇게 써보시는 게 어떨까요?"라고 조언해 주는 것과 같다. 특히 자서전을 쓰려는 시니어들에게는 더없이 고마운 존재가 될 수 있다.

왜 그럴까? 시니어들은 살아온 이야기는 풍부하지만 글로 표현하는 일이 쉽지 않다. 여러 고민이 머릿속을 맴돈다. 예를 들면 '어디서부터 시작해야 할지 모르겠다. 내 이야기가 다른 사람에게 재미있을까? 문장이 매끄럽지 않다'와 같은 고민들을 토로한다. 바로 이런 때 GPT가 든든한 조력자가 되어준다.

GPT가 뭔지 몰라도 괜찮아

GPT를 이해하기 위해 복잡한 컴퓨터 용어를 알 필요는 없다. 예를 들면 챗GPT는 인간의 말을 이해하고 답변해 주는 컴퓨터 프로그램이다. 여러 종류의 생성형 AI 중 챗GPT가 2022년 11월에 세상에 처음 나왔다. 1주일 만에 100만 명이 사용할 정도로 인기가 폭발했다. 이는 페이스북이나 인스타그램보다도 훨씬 빠른 속도였다.

사용법도 어렵지 않다. 인터넷에 접속해서 챗GPT 사이트에 들어가거나 스마트폰 앱을 설치한 후 친구와 대화하듯이 질문을 던지면 된다. "안녕하세요"라고 인사해도 되고 "내 자서전을 어떻게 시작하면 좋을까요?"라고 바로 본론으로 들어가도 된다.

가장 놀라운 점은 한국어를 정말 잘 이해한다는 것이다. 사투리로 말해도 알아듣고 문법이 틀려도 의미를 파악해서 적절한 답변을 해준다. 오랜 친구와 대화하는 것처럼 자연스럽다.

특히 시니어들에게 유용한 기능이 음성 인식이다. 키보드로 타이핑하기 어려운 분들도 말로 질문하면 텍스트로 변환해 준다. "우리 어머니는 참 고생이 많으셨다"라고 말하면 그대로 글자가 나타난다. 손목이 아프거나 시력이 좋지 않은 분들에게는 정말 고마운 기능이다.

생성형 AI 5총사 중 나에게 맞는 것을 찾는다

현재 쉽게 사용할 수 있는 생성형 AI는 크게 5가지가 있다. 각각 특징이 다르니 자신에게 맞는 것을 선택하면 된다.

생성형 AI 5총사 활용 분야별 평가표

활용분야	챗GPT	Gemini	Perplexity	클로바X	Claude
창의적 글쓰기	★★★★☆	★★★★☆	★★☆☆☆	★★★☆☆	★★★★★
학술 논문	★★★★☆	★★★★★	★★★★★	★★★☆☆	★★★★★
비지니스 문서	★★★★☆	★★★★☆	★★★☆☆	★★★☆☆	★★★★☆
한국어 콘텐츠	★★☆☆☆	★★★★☆	★★★☆☆	★★★★★	★★★★☆
데이터 분석	★★☆☆☆	★★★★★	★★★★★	★★★☆☆	★★★★☆
안전성/분리	★★☆☆☆	★★☆☆☆	★★★☆☆	★★★☆☆	★★★★★
장문 처리	★★★☆☆	★★★★★	★★★☆☆	★★★☆☆	★★★★★
아이디어 발상	★★★★★	★★★★☆	★★☆☆☆	★★★☆☆	★★★★☆

- 챗GPT는 창의적인 글쓰기에 강하다. 문학적 글쓰기보다는 체계적인 논문이나 전문적인 글쓰기에 적합한 다양한 문체를 구사할 수 있고 상상력이 필요한 작업에 뛰어나다.

- 클로바X는 네이버에서 만든 한국형 AI다. 한국어 실력이 가장 뛰어나고 한국 문화와 정서를 잘 이해한다. 무엇보다 무료로 사용할 수 있어서 경제적 부담이 없다. 한국적인 감성이 담긴 자서전을 쓰고 싶다면 클로바X를 추천한다.

- Gemini는 구글에서 만들었기에 정보 검색 능력이 뛰어나다. '1970년대 우리나라 상황이 어땠는지' 같은 사실 확인이 필요할 때 유용하다.

- Perplexity는 검색 기능이 탁월하며 자료에 대한 근거를 제시해 주기 때문에 신뢰를 얻을 수 있다.

- Claude는 긴 글을 읽고 분석하는 능력이 뛰어나다. 이미 쓴 원고를 검토하고 수정 의견을 받고 싶을 때 유용하다.

GPT에게 물어보는 자서전 질문법

GPT를 잘 활용하려면 질문을 구체적으로 해야 한다. "자서전을 써주세요"라고 막연하게 요청하는 것보다 "1950년대 시골에서 자란 아이의 하루 일과를 생생하게 묘사한 500자 분량의 글을 써주세요"라고 구체적으로 요청하는 게 좋다.

기획 단계에서는 이렇게 물어본다.

"70세 할아버지가 손자에게 들려주는 자서전의 목차를 10개 정도 만들어주세요."

"1960년대에 태어난 사람의 인생을 시대순으로 정리한 연표를 만들어주세요."

"가족 중심의 따뜻한 자서전과 개인 성장 중심의 자서전 중 어느 것이 더 읽기 쉬울까요?"

내용 작성 단계에서는 이렇게 활용한다.

"어린 시절 어머니의 사랑을 보여주는 구체적인 에피소드 아이디어를 5가지 제시해 주세요."

"1970년대 초등학교 모습을 생생하게 묘사한 문단을 써주세요."

"전쟁을 겪은 세대의 아픔을 감동적으로 표현하는 방법을 알려주세요."

수정 단계에서는 이런 도움을 받는다.

"이 문장을 더 쉽고 자연스럽게 고쳐주세요: (자신이 쓴 문장)"

"이 에피소드에서 감동을 더하려면 어떤 부분을 추가하면 좋을까요?"

"반복되는 표현을 다른 말로 바꿔주세요."

중요한 것은 한 번에 완벽한 답을 얻으려 하지 말고, 대화하듯이 계속 질문을 이어가는 것이다. "더 구체적으로 설명해 주세요”, “다른 방식으로도 써주세요”, “이 부분을 더 감동적으로 만들려면 어떻게 해야 할까요?” 같은 추가 질문을 통해 원하는 결과를 얻을 수 있다.

AI가 써준 글을 나만의 이야기로 바꾸는 비법

여기서 가장 중요한 점을 말하고 싶다. AI가 써준 글을 그대로 사용해서는 안 된다는 것이다. AI는 훌륭한 비서지만 내 인생을 직접 경험한 것은 아니다. 따라서 AI가 제공한 틀에 나만의 경험과 감정을 입혀야 한다.

예를 들어 AI가 “어머니는 새벽부터 밤늦게까지 일하셨다”라고 썼다면 여기에 자신만의 구체적인 기억을 추가한다. “어머니는 새벽 4시에 일어나 밭에 나가셨다. 내가 학교에서 돌아오면 어머니는 여전히 허리를 굽혀 풀을 뽑고 계셨고 저녁 무렵이 되어서야 지친 몸을 이끌고 집으로 돌아오셨다. 그때 어머니의 손은 거칠어서 내 볼을 어루만질 때마다 따끔했지만 그 따끔함이 오히려 따뜻했다.”

이렇게 구체적인 감각과 기억을 추가하면 AI가 만든 뼈대에 살과 피가 돈다. AI는 감쪽같이 거짓말을 하기도 하고 가슴에서 우러나오는 진짜 감정이 없어서 글이 건조할 수 있다. 바로 이 부분을 인간 작가가 채워넣어야 한다.

또 하나 중요한 것은 AI가 제안한 여러 버전 중에서 선택하는 것이다. 같은 내용이라도 다양한 방식으로 표현할 수 있으니 "이 내용을 3가지 다른 방식으로 써주세요"라고 요청한 후 마음에 드는 것을 고르면 된다.

디지털 월드행 마지막 열차에 올라타다

지금 디지털 혁명의 한가운데 서 있다. AI 시대라는 새로운 세상에 진입했다. 변화의 열차에 탑승하지 않으면 외딴 섬에 갇힌 로빈슨 크루소가 될지도 모른다. 특히 시니어들에게는 마지막 기회일 수 있다.

두려워할 필요 없다. 마음의 문을 열고 AI를 친구처럼 받아들이면 된다. 프로메테우스가 인간에게 불을 가져다준 것처럼 AI는 시니어들에게 새로운 창조의 도구를 선사하고 있다.

GPT는 더 이상 전문가들만의 도구가 아니다. 인터넷이 처음 나왔을 때처럼 이제는 일상생활의 필수 도구가 되고 있다. 소중한 인생 이야기를 세상에 남기는 일에 이보다 더 좋은 조력자는 없을 것이다.

중요한 것은 시작하는 것이다. 완벽하지 않아도 괜찮다. 서툴러도 괜찮다. AI와 함께 한 걸음씩 나아가다 보면 어느새 멋진 자서전이 완성되어 있을 것이다. 그 책 속에는 AI의 도움을 받았지만 온전히 나만의 이야기가 나만의 감정이 나만의 지혜가 담겨 있을 것이다.

지금 당장 시작해 보자. 스마트폰이나 노트북 또는 컴퓨터에 "챗GPT"라고 검색해 보자. 그리고 이렇게 말해 보자. "안녕하세요. 저는 자서전을 쓰고 싶은데 어디서부터 시작하면 좋을까요?" 바로 이 질문이 여러분 인생 이야기의 새로운 장을 여는 첫 문장이 될 것이다.

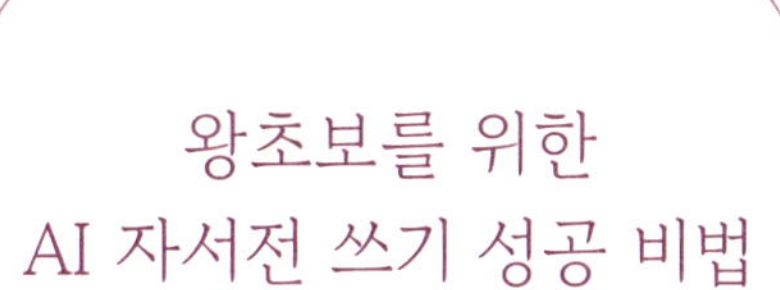

왕초보를 위한
AI 자서전 쓰기 성공 비법

100세 시대, 왜 지금 자서전을 써야 하는가

2024년 말 83세인 디지털책쓰기 1대학 홍 회장이 내게 이런 말씀을 했다. "김 작가, 내가 살아온 이야기를 책으로 남기고 싶은데 이제 와서 무슨 소용이 있겠나?" 나는 홍 회장께 "회장님, 지금이야말로 가장 중요한 때입니다. 100세 시대에 80세는 이제 시작입니다"라고 단호히 답했다.

정말 그렇다. 100세 시대를 살고 있다. 의학의 발달로 90세, 100세까지 건강하게 살아간다. 그렇다면 지금 70세, 80세인 분들에게는 아직 20년, 30년의 시간이 남아 있다는 뜻이다. 이 소중한 시간 동안 자신의 인생 이야기를 정리하고 후세에 전하는 일보다 더 의미 있는 일이 있을까?

지금은 자서전 시대라고 할 만큼 자서전을 쓰려는 사람들이 많다. 인터넷, 블로그, 모바일로 이어지는 SNS 시대를 맞이하면서 누구나 글을 쓰는 시대가 되었기 때문이다. SNS 시대는 누구나 글을 쓰는 나 홀로 작가의 시대다.

자서전은 단순한 개인 기록이 아니다. 그것은 한국 현대사의 살아있는 증언이다. 일제강점기, 해방, 6·25 전쟁, 산업화, 민주화를 몸소 겪어낸 세대의 이야기는 그 자체로 역사다. 손자, 손녀들에게는 살아있는 교과서가 되고 사회에는 귀중한 문화유산이 된다.

자서전은 자신이 읽기 위해서 쓰는 것이 아니라 다른 사람들을 위해서 쓰는 기록물이다. 물론 혼자 기록해 두기 위해서 자서전을 쓴다고 하는 분들도 있다. 독자가 없는 글이라면 굳이 힘들여서 책을 만들 필요가 있을까? 자서전은 나만의 기록이지만 다른 사람에게도 읽을 만한 가치가 있다고 생각될 때 그 의미가 크다.

더욱이 AI 시대가 되면서 자서전 쓰기의 문턱이 크게 낮아졌다. 과거에는 출판사를 통해서만 가능했던 일이 이제는 개인도 쉽게 할 수 있게 되었다. 스마트폰과 AI의 도움으로 누구나 자신만의 책을 만들 수 있는 시대가 온 것이다. 말만 해도 글이 되고 찍기만 해도 글이 되는 세상이 되었다.

내 인생, 어디서부터 시작할까

자서전을 쓰기로 마음먹었다면 가장 먼저 정해야 할 것이 있다. 바로 어떤 형태의 자서전을 쓸 것인가 하는 문제다. 자서전에도 여러 종류가 있다는 것을 아는가?

자서전을 쓰려면 어떤 자서전을 쓸 것인지를 먼저 정하고 시작해야 한다. 자신의 인생을 태어나서부터 시계열별로 연대기를 그대로 나열해서는 자서전으로서 성공할 수 없다. 어린 시절 성장 과정부터 최근 활동 상황까지 인생 전체의 내용을 총망라한 자서전은 독자로부터 외면받기 쉽다.

전체 인생형 자서전은 태어나서부터 현재까지의 모든 것을 다 담는다. 자서전은 자칫 연대기처럼 딱딱해질 수 있고 독자들이 지루해할 가능성이 크다.

특정 시기 집중형은 인생의 한 시기에 집중한다. 예를 들어 "나의 청춘, 1960년대", "전쟁 통의 어린 시절" 같은 제목으로 특정 시대를 깊이 있게 다루는 것이다. 이는 그 시대를 살아온 사람만이 쓸 수 있는 특별한 면을 부각시킬 수 있다.

주제별 자서전은 "나의 어머니", "첫 직장 이야기", "육아 분투기"처럼 주제를 정해서 쓴다. 이런 방식은 읽기 쉽고 감동을 주기 쉽다.

가족사 중심 자서전은 개인보다는 가족의 역사에 중점을 둔다. 조상부터 시작해서 가족 전체의 이야기를 담는다.

이 중에서 어떤 것을 선택할지는 자신의 목적과 독자에 따라 달라진다. 가족들에게 남기고 싶다면 가족사 중심이 좋고 특별한 경험이 있다면 그 시기에 집중하는 것이 효과적이다.

자서전의 목적을 분명하게 하는 것이 제일 먼저 할 일이다. 그렇지 않으면 도중에 포기하는 경우가 많다. 자서전을 쓰고자 하는 시니어 중 자식들을 위해서 또는 가족들을 위해서 쓰겠다고 하는 분들이 꽤 많이 있다. 그런 경우는 대개 실패할 확률이 높다.

자서전이 나올 날짜를 미리 정해 두고 시작하는 것도 매우 중요하다. 목적이 정해지고 출판될 기념비적인 날을 정하면 성공 가능성이 훨씬 높아지기 때문이다. 인생에서는 누구에게나 소중한 '그 어느 날'이 있게 마련이다. 그중의 하나가 환갑, 칠순, 팔순 같은 특정한 이벤트 날이나 결혼 50주년, 혹은 오랫동안 다녔던 직장에서 퇴직기념집을 내는 것도 성공시킬 수 있는 하나의 방법이다. 정리하면 크게 자서전 쓰기 종류를 다음 다섯 가지로 구분할 수 있다.

첫째, 연대기형 자서전으로 시간의 흐름으로 쓰는 인생 지도
둘째, 에세이형 자서전으로 감정과 성찰 중심의 인생 기록
셋째, 자기계발형 자서전으로 삶의 경험을 교훈으로 정리하기
넷째, 회고록형 자서전으로 특정 시기나 사건 집중 조명
다섯째, 평전형 자서전으로 타인의 시선으로 바라본 나의 삶이다.

이중 자전적 에세이형이 각광을 받고 있다.

자전적 에세이, 가장 읽기 쉬운 형태다

여러 형태 중에서 가장 추천하는 것은 자전적 에세이 형태다. 자신의 인생에서 기억에 남는 에피소드들을 에세이로 엮어서 책으로 만드는 방식이다.

단순한 기록이나 서술보다는 특정 시점에서 일어난 사건이나 꼭 남기고 싶은 이야기를 에세이 형식으로 쓴 글이 오히려 독자에게 공감을 얻을 수 있다. 소위 '자전적 에세이'가 요즘 인기를 끌고 있는 이유다.

연대기 순서대로 쭉 나열하는 전통적인 자서전과 달리 자전적 에세이는 각각의 이야기가 독립적으로 완성되어 있다. 짧은 소설을 여러 편 모아놓은 것 같다. 독자들은 아무 장이나 펼쳐서 읽을 수 있고 각 편마다 감동이나 재미를 느낄 수 있다.

예를 들어 이런 식이다. "어머니의 손", "첫 월급날의 기억", "아이를 처음 안던 날", "고향집 감나무", "전쟁 중의 피난길" 같은 제목으로 각각의 에피소드를 써보는 것이다. 각 편은 3~5페이지 정도의 분량으로 그 순간의 감정과 생각을 생생하게 담아낸다.

왜 이 방식이 좋을까? 첫째, 쓰기가 쉽다. 한 번에 긴 글을 쓰려면 부담스럽지만 짧은 에피소드 하나씩은 부담 없이 쓸 수 있다. 둘째, 읽기가 쉽다. 독자들도 긴 호흡의 자서전보다는 짧고 감동적인 이야기를 더 좋아한다. 셋째, 수정이 쉽다. 각 편이 독립적이어서 하나씩 완성해 가면 된다.

자서전을 쓸 때는 현미경과 동시에 망원경을 동원해야 한다. 현미경은 여러 사건 중에서 두루뭉술하게 나열하는 게 아니라 하나를 집중적으로 파고들어 상세하고도 현장에 있는 것처럼 생생하게 표현하여 시선을 끌어내야 한다는 의미다. 망원경은 그러한 사건들을 단순하게 계속 나열하는 데 그치면 별 의미가 없다는 뜻이다. 그러한 생생한 스토리가 전개되는 가운데 독자들이 읽고 나면 무언가 가슴에 와닿는 의미나 메시지가 글 안에 숨겨져 있어야 한다.

테마별로 묶는 것도 좋다. '어린 시절', '청춘 이야기', '결혼과 육아', '일과 도전', '황혼의 지혜' 같은 대주제 아래 관련 에피소드를 배치하면 체계적인 구성이 된다.

대필 자서전 vs 직접 쓴 자서전

요즘 대필 자서전이 많이 나오고 있다. 전문 작가가 대신 써주는 것인데 과연 이것이 진짜 자서전일까?

대필 자서전의 장점은 분명하다. 문장이 매끄럽고 구성이 체계적이며 읽기 쉽게 완성된다. 하지만 결정적인 단점이 있다. 바로 '내 목소리'가 아니라는 점이다. 아무리 인터뷰를 많이 해도 대필 작가는 그 사람의 삶을 직접 살지 않았다. 그래서 진짜 감정, 진짜 기억의 질감이 전달되지 않는다.

우리나라는 외국과 달리 대필작가의 이름을 밝히지 않는다. 누가 보아도 그 사람이 그런 글을 쓸 수 있는 능력에 못 미치는데 버젓이 자기가 쓰지 않은 책에 자기 이름을 넣는다. 그러면 책을 써 준 사람은 유령이 되고 책에는 책을 썼다고 하는 사람의 영혼이 담겨 있지 않다.

더구나 비용 문제도 있다. 제대로 된 대필 자서전은 수천만 원이 든다. 시니어들에게는 부담스러운 금액이다. 내가 아는 모 작가는 50권 이상 책을 내면서 십여 명의 자서전을 대필한 경험이 있다. 어느 정도 출세를 했거나 돈을 좀 벌었다는 사람들이 자서전을 쓰겠다고 나서는데 몇 차례 인터뷰해 보면 그 사람들의 인생에는 특별한 것이 없다고 한다.

반면 직접 쓴 자서전은 어떨까? 문장이 서툴러도 구성이 완벽하지 않아도 그 속에는 진짜 삶이 담겨 있다. 투박한 표현 속에서 오히려 진실한 감정을 느낄 수 있다. 가족들도 '아, 이게 정말 아버지 목소리다'라고 느낀다.

솔직하지 못한 자서전은 흔히 완벽한 인격자인 체 꾸미고 다니는 인간에게서 역겨움을 느끼게 되듯 어쩐지 공감할 수 없게 마련이다. 지나친 자랑이나 다른 사람에게 무언가 가르치려는 글이나 자신이 다른 사람에게 완벽하게 보이려고 애쓰는 글은 얼마나 자신감이 없기에 저렇게 안달일까 하는 안타까움마저 불러일으킨다.

특히 요즘은 AI의 도움으로 직접 쓰기가 훨씬 쉬워졌다. 문법 오류는 AI가 고쳐주고 표현이 어색한 부분도 다듬어준다. 자신의 경험과 감정은 그대로 두고 기술적인 부분만 도움받으면 된다. 그러니 가능하면 직접 쓰기를 시도해 보자. 완벽하지 않아도 괜찮다. 진정성이 더 중요하다.

가족도 읽고 싶어하는 재미있는 자서전 만들기

'내 이야기가 다른 사람에게 재미있을까?'라고 많은 분들이 걱정한다. 사실 자서전의 첫 번째 독자는 가족이다. 자녀, 손자 손녀들이 할아버지, 할머니의 이야기를 재미있게 읽을 수 있도록 하려면 어떻게 해야 할까?

많은 경우 자서전을 왜 이렇게 썼을까 싶을 때가 있다. 자신의 개인적인 인생과 주장을 담은 책은 가족도 읽지 않는다. 심지어 평생을 함께 살아온 아내나 남편에게 보여줘도 읽지 않는 경우가 많다. 뻔하고 답답한 자신의 주장과 인생을 읽고 싶어 하지 않기 때문이다.

구체적인 디테일을 살린다. "어머니는 고생이 많으셨다"보다는 "어머니는 새벽 4시에 일어나 우물에서 물을 길어다가 쌀을 씻으셨다. 겨울이면 우물물이 너무 차가워서 손이 빨갛게 얼었지만 한 번도 불평하지 않으셨다"가 훨씬 생생하다.

감정을 솔직하게 드러낸다. 완벽한 사람인 척하지 말고 실수했던 일, 후회했던 일도 솔직하게 쓴다. 예를 들어 그때 아버지에게 화를 낸 것이 지금도 후회된다는 식으로 진솔한 감정을 보여주면 독자들의 공감을 얻는다. 자신의 약점이나 상처까지 있는 그대로 털어놓으면서 진솔하게 쓴 글은 소설이 그렇듯 삶의 진실에 보다 근접하고 있어 읽는 이를 감동시킨다.

대화를 많이 사용한다. "아버지가 나에게 조언을 해 주셨다"보다는 "'얘야, 인생은 마라톤이다. 너무 성급하게 뛰지 마라'라고 아버지가 말씀하셨다"가 훨씬 생동감 있다.

당시의 시대 상황을 함께 설명한다. "1970년에 취업했다"보다는 "1970년 아직 한국이 가난하던 시절에 첫 직장을 구했다. 월급이 3만 원이었는데 쌀 한 가마니가 5천 원이던 시절이었다"처럼 시대 배경을 함께 제시한다.

사진과 자료를 활용한다. 옛날 사진, 편지, 일기 등을 함께 넣으면 훨씬 생생해진다. 디지털 시대에는 이런 자료들을 쉽게 스캔해서 책에 넣을 수 있다. 게다가 GPT에 사진을 첨부해 스토리 구성을 요청하면 텍스트로 구성해 준다.

각 장의 분량을 적당히 조절한다. 너무 긴 이야기는 지루하다. 한 편당 3~5페이지 정도가 적당하다. 바쁜 사람들도 한 번에 하나씩은 읽을 수 있는 분량이다.

제목을 흥미롭게 짓는다. "어린 시절"이라고 하기보다는 "가난했지만 행복했던 시절", "군대 생활보다는 총알이 빗발치던

날들"처럼 호기심을 자극하는 제목을 짓는다.

적어도 자서전이 자서전으로서의 기본적인 품격은 갖춰야 한다. 책의 품격을 가져야 한다는 뜻이다. 혼자 읽는 일기가 아니라 여러 사람이 읽는 공공성을 띠기 때문이다. 자서전의 내용으로 나만이 쓸 수 있는 특별한 면을 우선 부각시켜야 한다. 누구나 자신만이 가진 특별함이 있다. 자신만의 개성을 담을 수 있다면 책의 기본 품격을 지켰다고 할 수 있다.

AI와 함께하는 스마트한 책쓰기 코칭 방법

자서전의 경우 GPT가 나의 사적인 경험과 노하우를 알 리가 없기 때문에 활용할 가치가 없다고 단정해서는 안 된다. GPT가 내 머릿속에 있는 기억이나 경험을 대신 써줄 수는 없지만 보조 수단으로 활용한다면 얼마든지 유용하다.

'AI책쓰기코칭협회'는 기존 책쓰기 학원이나 코칭 방식과는 차별화된 방법을 제시한다. 그중의 하나가 스마트폰에 제공되는 앱이나 GPT 기술을 접목하여 AI 작가 코칭을 통해 진행하는 점이다. AI 기술을 활용해서 본인이 직접 쓰면 내용이 충실해지는 것은 물론이고 2천만~3천만 원의 경비도 절약하며 출판이 가능해진다는 사실을 알 수 있다. 대필로 써주는 것보다는 전문가가 옆에서 가이드를 해주고 방법을 코칭하면서 직접 쓰도록

하는 방법이 책쓰기 코칭의 핵심이다.

코칭 방법에는 저자의 자료 준비나 글쓰기 능력에 따라 3가지로 나눠 코칭을 하고 있다.

- A형: 자서전이나 전문서적을 출간하기 위해 상당 부분 원고나 자료 등 사전 원고 준비가 되어 있어서 약간의 코치 도움만 필요한 경우이다. 원고가 거의 완성되어 가벼운 윤문, 편집, 본문과 표지 디자인 등 출간 프로세스 중심의 코칭을 통해 단기간 내에 출판이 가능하도록 연결한다.

- B형: 출간을 위한 준비가 되어 있으나 상당 부분 내용 자료를 추가하거나 보완이 필요하여 전문코치 등 외부의 도움이 필요한 경우다. 완성되지 않은 원고, 메모나 일기 등 글을 써 놓은 경우 진문 작기들의 코칭을 통해 완성된 글로 수정 및 보완해서 글쓰기 중심의 AI코칭을 통해 최종 출판과 연계를 추진한다.

- C형: 자서전, 자기계발서, 전문서적 등을 꼭 내려고 계획하고 있으나 준비가 안 되어 있거나 컴퓨터 활용이 자유롭지 않아 외부의 도움이 절대적으로 필요한 경우를 말한다. 출간 기획서부터 목차를 정하고 본문에 이르기까지 왕초보 수준의 저자가 AI 기술을 활용하여 최종 출판될 때까지 전 과정 코칭을 진행한다.

AI를 활용하고 구글 공유기능을 활용하여 스마트워킹을 통해 비대면 방식으로 공유문서나 줌 같은 앱을 활용하여 진행한다면 소요되는 시간이나 경비를 대폭 줄일 수 있다. 코칭을 통해 책 한 권을 발간했다면 지속적인 글쓰기 동기가 생긴다. 대필의 경우 그 책으로 끝이지만 본인이 책을 직접 쓴 분은 반드시 다음 책을 내기 위해서 다시 도전을 할 것으로 본다.

나만의 이야기, 지금 시작하자

자서전 쓰기에 완벽한 때는 없다. 기억이 더 선명할 때를 기다리거나 더 많은 자료를 준비하겠다고 미루다 보면 영영 시작하지 못한다. 지금 당장 시작하는 것이 중요하다. 첫 번째 에피소드부터 완벽하게 쓰려고 하지 말자. 우선 기억나는 것부터 자유롭게 써보자. AI의 도움을 받아 문장을 다듬고 가족들의 피드백을 받아 내용을 보완해 나가면 된다.

AI책쓰기코칭협회는 10여 년 동안 스마트폰과 AI 활용 책쓰기 세미나를 지속하고 있다. 시니어가 되면 독수리타법에 눈은 침침해진다. 교육을 받은 수강자들은 보다 쉽게 접근할 수 있는 노하우를 습득해 책쓰기에 용기를 가진다. 그렇게 해서 출간된 책이 200여 권이 된다.

스마트폰의 글쓰기 관련 무료 앱과 GPT를 활용하면 이를 상당 부분 말하기로 대체할 수 있고 장시간 책상 앞에 앉아 있어야 하는 신체적 고통에서 해방될 수 있다. 실제로 이런 기술들을 적용하여 책을 쓰다 보니 컴퓨터 타이핑 작업의 경우보다 1/3 이상 줄일 수 있었다.

말만 해도 글이 되고 이미지를 찍기만 해도 글이 되는 세상이고 GPT를 활용한다면 초보 시니어들도 코치와 함께 진행하기 때문에 마음만 먹으면 누구나 도전해 볼 만하다.

자서전은 자기가 직접 써야 한다. 훌륭한 자서전이란 저자가 온 정성과 진정한 마음을 담아 진실하고 솔직하게 직접 써서 만든 것이 의미 있다고 할 수 있다. 설령 서점에서 아무도 사지 않았다 해도 책을 쓴 사람이 그 책에 자신의 열정과 진심을 담아내고자 했다면 세상에 나온 것만으로도 그 책은 세상 무엇과도 바꿀 수 없는 최고의 자서전이 될 수 있다.

중요한 것은 시작이다. 여러분의 인생 이야기는 세상에 하나뿐인 소중한 기록이다. 그것을 책으로 남기는 일을 더는 미루지 말고 지금 시작해 보자. 디지털 시대의 도구들이 여러분을 도와줄 것이다.

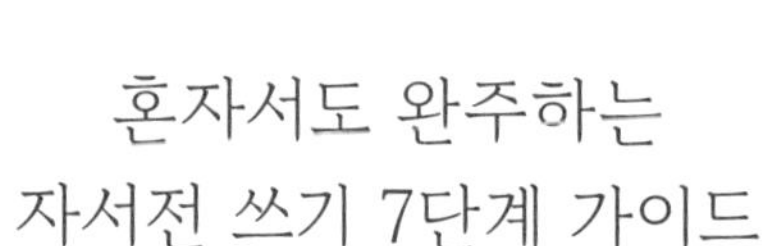

혼자서도 완주하는
자서전 쓰기 7단계 가이드

1단계: 자서전 기획서 작성하기

자서전 쓰기를 시작하기 전에 반드시 해야 할 일이 있다. 바로 기획서를 작성하는 것이다. 많은 사람들이 자서전 쓰기를 시작했다가 중도에 포기하는 이유는 명확한 계획 없이 시작하기 때문이다. 어린 시절 이야기를 쓰다가 갑자기 직장 생활로 넘어가고, 다시 연애 이야기로 돌아가는 식으로 일관성이 없으면 독자는 물론이고 작가 자신도 혼란스러워진다. 마치 목적지도 모르고 떠난 여행과 같다.

자서전 기획서에서 가장 중요한 질문은 '왜 쓰는가?'이다. 이 질문에 대한 답은 구체적이고 명확해야 한다. 그냥 써보고 싶어서라는 막연한 동기보다는 자녀들에게 가족의 역사를 전해주기 위해, 후배들에게 경험을 나누어주기 위해, 개인적인 치유와 성찰을 위함과 같은 구체적인 목적이 있어야 한다. 목적이 명확할수록 글의 방향성이 뚜렷해진다. 어떤 이야기를 선택하고 어떤 문체로 써야 할지가 자연스럽게 결정된다.

독자층을 정하는 것도 중요하다. 모든 사람을 대상으로 하면 오히려 아무에게도 와닿지 않는 글이 된다. 그 대신 우리 가족, 같은 업계 후배들, 동년배 친구들 등 구체적인 독자층을 설정해야 한다. 독자층이 정해지면 사용할 어휘, 설명의 깊이, 포함할 에피소드의 성격이 자연스럽게 결정된다. 가족을 위한 자서전이라면 일상의 소소한 이야기와 가족사가 중심이 된다. 전문 분야의 후배들을 위한다면 업무 경험과 노하우가 중심이 된다.

마감일 설성은 동기부여의 핵심이다. 언젠가라는 막연한 목표로는 절대 완성할 수 없다. 생일, 결혼기념일, 은퇴 기념일 등 의미 있는 날짜를 정해두고 역산해서 주간, 월간 목표를 세워야 한다. 200페이지 분량을 6개월에 완성한다면 월 33페이지, 주 8페이지씩 써야 한다는 구체적인 계획이 나온다.

자서전의 형태도 미리 정해야 한다. 태어나서 현재까지 모든 것을 담는 연대기형은 방대하고 자칫 지루할 수 있다. 대신 특정 주제나 역할에 집중한 테마형, 또는 중요한 에피소드들을 모은 에세이형이 더 효과적이다. 에세이형은 각각의 이야기가 독립적이어서 쓰기도 읽기도 부담이 적고 완성도를 높이기도 쉽다.

출간 후 활용방안까지 미리 계획해야 한다. 가족만을 위한 소량 제작인지, 지인들과 공유할 중간 규모인지, 일반 독자를 대상으로 한 공개 출간인지에 따라 편집 방향, 디자인 수준, 제작 부수가 모두 달라진다. 또한 종이책으로만 만들 것인지, 전자책도 함께 제작할 것인지도 미리 정해두어야 한다.

기획서를 완성하면 놀라운 변화가 일어난다. 막막했던 자서전 쓰기가 구체적인 실행 계획이 되고 무엇을 써야 할지 명확해진다. 어두운 밤길에 가로등이 켜진 것처럼 앞길이 보이기 시작한다.

2단계: 서문과 에필로그 먼저 쓰기

대부분의 사람들이 서문을 마지막에 쓰려고 한다. 오히려 먼저 써야 한다. 서문을 쓰면서 전체적인 방향이 잡히고 독자에게 전달하고 싶은 핵심 메시지가 정리되기 때문이다. 서문의 첫 문장은 특히 중요하다. "제가 이 자서전을 쓰는 이유는…" 같은 뻔한 시작보다는 독자의 호기심을 자극하는 문장으로 시작해야 한다. "80년을 살아보니 가장 후회되는 것이 하나 있다. 내 인생을 바꾼 말 한마디가 있다"와 같은 방식이다.

서문에서는 자랑보다 독자와의 공통점을 찾아 이야기하는 것이 좋다. 겸손한 자세로 '저도 여러분처럼 평범한 사람입니다'라는 메시지를 전하면 독자들이 더 편안하게 느낀다. 자신의 성취나 지위보다는 보편적인 인간의 경험에 초점을 맞추는 것이 효과적이다. 또한 책을 통해 독자에게 무엇을 주고 싶은지, 어떤 감정을 나누고 싶은지를 명확히 밝혀야 한다.

에필로그의 핵심 메시지는 복잡한 설명보다 진정한 관계나 끊임없는 성장 그리고 감사하는 마음 등 명확한 형태로 정리하면 독자가 오래 기억한다. 마지막에는 독자에게 전하는 진심 어린 당부나 응원의 메시지로 마무리하여 여운을 남기는 것이 좋다.

3단계: 목차 구성하기

목차는 단순한 나열이 아니라 하나의 완결된 스토리여야 한다. 대복자 5~7개, 대목치에 따른 소목차 50여 개 정도가 적당하다. 너무 많으면 산만하고 너무 적으면 깊이가 부족해 보인다. 자전적 에세이 형태라면 '어린 시절-청춘기-사회 진출-가정과 일-성숙기-황혼의 지혜' 같은 시간 순서로 구성하거나, '사람-일-꿈-시련-성취-깨달음' 같은 주제별로 구성할 수 있다.

각 장 사이의 연결고리를 만드는 것이 중요하다. 앞 장의 마지막 부분에서 다음 장으로 자연스럽게 이어지는 복선을 깔거나 공통된 주제로 묶어주어야 한다. 예를 들어 어린 시절 마지막에 그때는 몰랐지만 이 경험이 훗날 내 직업 선택에 결정적 영향을 미쳤다고 하면 다음 장 진로 선택으로 자연스럽게 연결된다.

제목을 지을 때는 독자의 호기심을 자극해야 한다. 평범한 제목보다는 함축적이면서도 흥미로운 표현을 사용한다. 군대 시절 보다는 총알이 빗발치던 그날들, 직장 생활보다는 명함 속에 숨겨진 이야기들이 더 매력적이다. 단, 너무 문학적이거나 추상적이면 오히려 내용을 짐작하기 어려우니 적절한 선을 지켜야 한다.

목차를 완성한 후에는 전체적인 균형을 반드시 확인해야 한다. 어떤 시기는 너무 자세하고 어떤 시기는 너무 간략하면 독자가 불균형을 느낀다. 분량 배분도 중요하지만 중요도에 따른 비중 조절도 필요하다. 인생의 전환점이 된 시기나 독자에게 꼭 전하고 싶은 메시지가 담긴 부분은 좀 더 비중 있게 다루는 것이 좋다.

4단계: AI와 함께 하는 초안 작성

이제 본격적으로 글을 쓸 차례다. AI를 활용할 때는 구체적으로 질문해야 좋은 답을 얻는다. '자서전을 써달라'는 막연한 요청보다는 '1970년대 시골 초등학생의 겨울 아침 등교 모습을 500자로 생생하게 묘사해 달라'고 구체적으로 요청하는 것이 좋다. 시대적 배경, 상황, 분량, 문체까지 명확히 지정해야 원하는 결과를 얻을 수 있다.

상황별로 다른 프롬프트를 사용한다. 설명이 필요한 부분은

○○를 모르는 사람도 이해할 수 있게 3단계로 나누어 설명해 달라고 요청한다. 감동적인 이야기가 필요한 부분은 ○○의 감동적인 에피소드를 구체적인 대화와 상황 묘사를 포함해서 써 달라고 한다. 역사적 배경이 필요한 부분은 1980년대 한국의 사회적 분위기를 일반인도 이해할 수 있게 설명해 달라는 식으로 요청한다.

같은 내용도 여러 관점에서 요청해 볼 수 있다. 전문가 관점에서, 가족 관점에서, 친구 관점에서 각각 설명을 요청한 후 가장 좋은 부분들을 조합하면 완성도 높은 글을 만들 수 있다. 또한 딱딱한 문체로, 친근한 문체로, 감성적인 문체로 등 다양한 톤으로 써보고 가장 적합한 것을 선택하는 방법도 있다. AI는 초안 제공자 역할이므로 여러 버전을 만들어보고 비교하는 것이 중요하다.

5단계: 개인 경험으로 살 붙이기

AI가 만든 초안은 뼈대일 뿐이다. 여기에 자신만의 구체적인 경험과 감정을 추가해야 한다. AI가 "학창시절이 힘들었다"라고 썼다면, "중학교 2학년 겨울, 낡은 운동화 밑창이 뚫려서 눈이 스며들었지만 새 신발을 사달라고 말할 수 없었다. 발가락이 시려워 벌벌 떨면서도 친구들 앞에서는 괜찮은 척했던 그 기억이 지금도 생생하다"라고 구체적인 장면을 추가한다.

감각적 디테일을 풍부하게 넣는 것이 중요하다. 단순히 "어머니의 음식이 맛있었다"보다는 "어머니가 끓이시던 된장찌개의 구수한 냄새가 골목 끝까지 퍼져나갔고 학교에서 돌아오는 내 발걸음을 재촉했다"처럼 시각, 후각, 청각 등을 활용한 묘사가 독자의 공감을 이끌어 낸다. 또한 당시의 감정도 솔직하게 표현해야 한다.

성공 이야기만이 아니라 실패와 후회도 솔직하게 써야 한다. 완벽한 인생은 오히려 독자의 공감을 얻기 어렵다. 예를 들어 그때 친구와의 약속을 지키지 못한 것에 대한 지금까지의 후회, 승진 기회를 놓쳤을 때의 좌절감, 아이들에게 화를 낸 후의 미안함 같은 솔직한 감정들이 글에 깊이를 더한다.

대화를 많이 활용하는 것도 좋다. "선생님이 격려해 주셨다"보다는 "담임선생님은 내 어깨를 두드리며 너는 분명히 해낼 수 있으니 포기하지 말고 끝까지 해보라고 말씀하셨다"가 훨씬 생생하다. 대화는 그 사람의 성격과 관계의 깊이까지 보여줄 수 있는 강력한 도구다.

6단계: 다듬기와 완성

AI가 자주 사용하는 '중요하다, 필요하다, 도움이 된다' 등의 표현을 찾아서 다양한 표현으로 바꾼다. '또한, 그리고, 따라서' 같은 연결어가 과도하게 사용되지 않았는지도 확인한다. 그 대신 '그런데, 하지만, 그러면서도' 등 좀 더 자연스러운 연결어를 사용하거나 아예 연결어 없이 문장을 이어가는 방법도 있다.

문장의 길이도 다양하게 조절한다. 긴 문장과 짧은 문장을 적절히 섞어서 리듬감을 만든다. '정말 그랬다'처럼 짧게 강조하거나 길고 자세한 설명으로 깊이를 더하는 식으로 변화를 준다. 특히 중요한 순간이나 감정이 절정에 달하는 부분에서는 짧은 문장으로 강조 효과를 낼 수 있다.

반복되는 표현이나 중복되는 내용도 정리해야 한다. 같은 의미를 다른 표현으로 계속 반복하면 독자가 지루해한다. 또한 어투의 일관성도 중요하다. 존댓말과 반말이 섞이거나 문어체와 구어체가 뒤섞이면 어색하다.

전체를 처음부터 끝까지 읽어보면서 흐름을 확인한다. 앞에서 설명한 내용이 뒤에서 반복되지는 않는지, 갑자기 어려워지거나 쉬워지는 부분은 없는지 점검한다. 가족이나 가까운 지인들에게 읽어보라고 부탁해서 객관적인 피드백을 받는 것도 좋다. 타인의 시각에서 봤을 때 이해하기 어렵거나 지루한 부분을 찾아낼 수 있다.

7단계: 원고 투고 후 출판과 홍보

드디어 원고가 완성되었다. 이제 실제 책으로 만드는 마지막 단계가 남았다. 과거에는 출판사를 통해서만 가능했지만 이제는 개인도 쉽게 책을 출간할 수 있는 시대다. POD주문형 출판를 통해 소량 제작이 가능하다. 전통 출판사와 달리 초기 비용이 거의 들지 않아 개인 출간에 적합하다.

출판 플랫폼 선택이 중요하다. 국내에서 종이책 POD 출판을 고려한다면 가장 먼저 부크크와 교보문고 퍼플을 살펴보아야 한다. 부크크는 예스24, 알라딘 등 외부 대형 서점과의 유통 연계가 강점이며, 교보문고 퍼플은 국내 최대 서점인 교보문고 내에서의 노출과 신뢰도 면에서 유리하다. 많은 초보 저자가 예스24 자체 POD 서비스가 있다고 오해하곤 하지만, 실제로는 부크크 같은 플랫폼을 통해 예스24에 입점하는 방식임을 유의해야 한다.

각 플랫폼마다 특징이 다르므로 자신의 목적에 맞게 선택해야 한다. 부크크는 사용이 쉽고 비용이 저렴하다. 교보문고는 오프라인 서점 진출이 가능하다. 예스24는 마케팅 지원이 좋다. 각 플랫폼의 수수료 구조, 제작 품질, 배송 서비스도 비교해서 결정하는 것이 좋다.

편집과 디자인 과정도 신경 써야 한다. 글꼴은 독서의 편의성을 고려해서 선택한다. 시니어 독자를 고려한다면 11pt 이상의 크기가 좋고 줄간격도 여유 있게 설정한다. 너무 작거나 빽빽한 글자는 읽기 부담을 준다. 여백 설정도 중요하다. 상하좌우 여백이 적절해야 답답하지 않고 깔끔한 느낌을 준다.

표지 디자인은 책의 첫인상을 결정하는 중요한 요소다. AI 이미지 생성 도구나 캔바 같은 디자인 툴을 활용하면 전문적인 결과물을 얻을 수 있다. 색상은 너무 복잡하지 않게 하고 제목과 저자명이 명확히 보이도록 한다. 책의 내용과 어울리는 이미지나 색상을 선택하되 유행에 휩쓸리지 말고 오래 봐도 질리지 않는 디자인을 선택하는 것이 좋다.

정식 출간을 위해서는 ISBN국제표준도서번호이 필요하다. 국립중앙도서관 홈페이지에서 무료로 신청할 수 있으며 개인 출간물도 발급받을 수 있디. 신청 과정은 생각보다 간단하므로 미리 준비해 두는 것이 좋다. 저작권 등록도 고려해 볼 만하다. 한국저작권위원회에서 온라인으로 신청할 수 있으며 자신의 소중한 인생 이야기를 법적으로 보호받을 수 있다.

비용 계획도 미리 세워야 한다. POD의 경우 300페이지 정도의 책을 200권 제작할 때 권당 7,000~10,000원 정도의 비용이 든다. 전문 편집이나 디자인을 외주로 맡기면 100~150만 원의 추가 비용이 발생할 수 있다. 하지만 가족용으로만 사용한다면 직접 편집해도 충분히 만족스러운 결과를 얻을 수 있다. 온라인에는 편집 방법을 알려주는 무료 자료가 많이 있다.

배포와 홍보 전략도 중요하다. 가족과 지인용이라면 50~100

권이면 충분하지만 더 많은 사람들과 공유하고 싶다면 온라인 서점 등록을 고려한다. 대형 온라인 서점교보문고, YES24, 알라딘 등에 등록하면 일반 독자들도 구매할 수 있다. SNS, 블로그, 지역 신문 등을 활용한 홍보도 가능하다.

출판기념회를 여는 것도 의미 있는 방법이다. 가족, 지인들과 함께 자서전 완성을 축하하는 자리를 마련하면 더욱 뜻깊은 경험이 된다. 이때 책에 담지 못한 에피소드들을 들려주거나 책을 쓰게 된 계기를 나누는 시간을 가질 수 있다.

7단계를 모두 완주했다면 이미 대단한 성취를 이룬 것이다. 완벽하지 않아도 괜찮다. 중요한 것은 자신의 소중한 인생 이야기를 책으로 남긴다는 점이다. 이 책은 가족에게는 소중한 유산이 되고 사회에는 귀중한 기록이 된다.

6장

내 책으로 펼치는 특별한 생전 장례식과 출판기념회

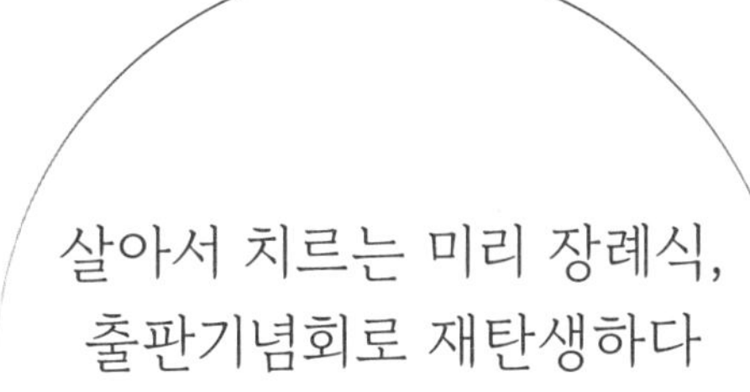

살아서 치르는 미리 장례식,
출판기념회로 재탄생하다

전통적인 출판기념회는 대개 형식적이다. 축사, 건배, 기념촬영으로 끝나는 경우가 대부분이다. 자서전 출간을 기념하는 '생전 장례식, 즉 세상에서 가장 아름다운 이별식'은 완전히 다른 차원의 행사다. 이는 한 사람의 인생 전체를 기념하고 축하하는 삶의 축제이다. 죽음을 두려워하거나 슬픔으로만 받아들이기보다 삶의 자연스러운 마무리로 바라보고 감사와 축복의 시간으로 만드는 의미 있는 의례로 변화하는 것이다.

행사장 입구에는 어린 시절부터 현재까지의 사진들을 시대순으로 전시한다. 6·25 전쟁 시절 피난민 아이의 모습, 어려운 환경에서도 꿋꿋이 공부하던 청년의 모습, 사회에 첫발을 내딛던 청춘의 모습, 가정을 꾸리고 자녀를 키우던 중년의 모습까지. 한 편의 다큐멘터리를 보는 것 같은 감동을 선사한다. 이는 참석자들이 주인공의 삶의 여정을 한눈에 조망하며 깊이 공감하고 추억할 수 있는 시간을 제공한다.

행사의 하이라이트는 주인공이 직접 자신의 인생 이야기를 들려주는 시간이다. 자서전에서 가장 기억에 남는 에피소드 몇 가지를 선정하여 20~30분 정도 들려준다. 할아버지가 손자들에게 옛날이야기를 해주는 것처럼 따뜻하고 정감 있는 시간이 된다.

이 자리에서는 슬픔의 눈물이 아니라 감동과 깨달음의 눈물이 많이 흐른다. '아, 우리 아버지가 이런 고생을 하셨구나', '어머니의 사랑이 이렇게 깊었구나'를 새삼 깨닫게 되는 시간이기 때문이다. 가족들이 미처 알지 못했던 삶의 깊이와 희생을 이해하고 서로에 대한 사랑을 다시 한번 확인하는 소중한 순간이 된다.

앞서 말했듯 최근에는 연극배우 박정자 씨가 83세의 나이로 150여 명의 지인들에게 '부고: 박정자의 마지막 커튼콜'이라는 파격적인 초대장을 보내며 생전 장례식을 치러 화제가 되었다. 박 배우는 "장례식은 엄숙해야 한다고 누가 정했을까요"라고 반문하며 꽃 대신 기억과 함께 웃었던 순간들을 가져오라고 당부했다. 생전 장례식이 죽음을 직면하고 남은 삶을 더욱 의미 있게 살아가기 위한 전환점이 될 수 있음을 보여주는 사례이다.

가족과 지인들에게 전하는 마음 깊은 감사 인사

생전 장례식의 가장 감동적인 순간은 바로 감사 인사 시간이다. 평생을 함께한 가족들, 인생의 동반자들에게 진심 어린 고마움을 전하는 시간이다.

"여보, 50년 동안 내 곁을 지켜줘서 고마웠어요. 당신이 아니었다면 오늘의 내가 없었을 거예요. 앞으로 남은 시간도 함께해 주세요."

"큰아들아, 아버지가 너무 엄했지? 그건 네가 바르게 자라기를 바라는 마음이었단다. 이제는 아버지가 자랑스러워하는 훌륭한 아들이 되었구나."

"친구늘아, 평생 함께해 줘서 고마웠어. 소중한 우정이 내 인생의 가장 큰 보물이었어. 마지막까지 함께 걸어가자."

진솔한 고백과 감사 인사를 들으며 참석자 모두가 눈물을 흘린다. 평소에는 표현하지 못했던 속마음을 솔직하게 전할 수 있는 소중한 기회가 되는 것이다.

참석자들도 주인공에게 감사와 사랑의 메시지를 전한다. 미리 준비한 편지를 읽어주거나 즉석에서 마음을 표현하기도 한다. "아버지 덕분에 제가 이렇게 살 수 있었습니다", "선생님의 가르침이 제 인생의 나침반이었습니다" 같은 진심 어린 고백들이 이어진다. 이처럼 생전 장례식은 단순한 이별을 넘어 살아있는 동안 서로의 소중함을 나누고 감사함을 표현하는 축제의 장이 된다. 이는 죽음을 삶의 연장선으로 바라보고 마지막 순간까지 존엄하게 살아가며 남은 이들과의 관계를 정리하는 과정이 된다.

이런 행사는 단순히 고인과의 이별을 슬퍼하는 자리가 아니라 살아있는 동안 서로에게 어떤 의미였는지를 되새기고 깊은 유대감을 확인하는 기회가 된다. 특히 한국 사회에서 가족 간에 드러내기 어려웠던 진심 어린 마음을 전하며 가족의 소중함을 다시금 깨닫는 계기를 제공한다. 생전 장례식을 통해 가족과 지인들은 주인공의 삶을 함께 축하하고 미래를 향한 새로운 의미를 부여받으며 더욱 굳건한 관계를 다져나갈 수 있다.

내 인생 이야기로 세상에 기록을 남기다

자서전은 단순한 개인 기록이 아니다. 한국 현대사의 살아있는 증언이자 후세에게 전하는 소중한 유산이다. 일제강점기, 해방, 6·25 전쟁, 산업화, 민주화를 몸소 겪어낸 세대의 이야기는 그 자체로 역사다. 특히 시니어 세대가 경험한 격동의 시대는 지금의 젊은 세대들이 상상하기 어려운 시간들이다. 보릿고개의 가난, 전쟁의 참혹함, 개발 시대의 역동성, 민주화의 열망…, 이런 경험들을 생생하게 기록으로 남기는 것은 개인을 넘어 사회 전체의 자산이 된다.

자서전을 통해 가족사도 함께 기록된다. 조상들이 어떻게 살았고 어떤 가치관을 가졌으며 어떤 꿈을 꾸었는지가 생생하게 전해진다. 손자, 손녀들에게는 자신의 뿌리를 확인할 수 있는 소중한 자료가 되고 정체성을 형성하는 데 큰 도움이 된다. 더 나아가 이런 기록들이 모이면 사회 전체의 문화유산이 된다. 개인의 작은 이야기들이 모여서 시대의 큰 흐름을 보여주고 미래 세대들이 과거를 이해하는 데 귀중한 자료로 활용될 것이다.

디지털 시대에는 스마트폰과 AI 기술을 활용한 자서전 쓰기가 더는 어려운 일이 아니다. 말로만 해도, 사진을 찍기만 해도 글이 되는 기술의 발전은 '컴맹', '폰맹' 시니어들에게도 새로운 가능성을 열어주었다. 챗GPT, 제미나이, 코파일럿, 클로바X, 클로드 등 다양한 생성형 AI 도구의 도움을 받아 이야기를 더욱 풍성하게 기록할 수 있게 되었다.

이런 기술의 발전은 누구나 자신만의 책을 완성하고 그 책을 통해 '세상에서 가장 아름다운 이별'을 준비할 수 있도록 돕는다. AI책쓰기코칭협회와 같은 곳에서는 책의 기획부터 출간까지 체계적인 교육과 지원을 제공하여 스스로 책을 쓸 수 있도록 돕고 있다. 이는 단순한 자서전 출간을 넘어 자신의 삶을 돌아보고 정리하며 마지막 순간까지 품위 있고 의미 있는 삶을 만들어가는 과정이 될 것이다.

자신의 이야기가 책으로 엮여 세상에 남겨지는 것은 개인의 존재감을 확립하고 후대에게 귀감이 되는 강력한 메시지가 된다. 이처럼 생전 장례식과 자서전은 죽음이라는 삶의 마지막 장

을 미리 준비하며 남은 시간을 더욱 충실하고 의미 있게 채워나
갈 수 있는 지혜로운 방법론을 제시한다.

AI책쓰기코칭협회와 함께하는 체계적 지원 시스템

"글을 쓰고 싶은데 어디서부터 시작해야 할지 모르겠어요."
70대 중반의 조 여사가 처음 AI책쓰기코칭협회를 찾아왔을 때
하신 말씀이다. 평생을 남에게 사기를 당하며 살아온 세월, 그
속에 담긴 수많은 이야기가 마음 한편에서 책이 되기를 기다리
고 있었지만 막상 글로 옮기려니 막막하기만 했다고 한다.

바로 이런 분들을 위해 AI책쓰기코칭협회가 존재한다. 단순
한 글쓰기 교육기관이 아닌 시니어들의 인생 이야기가 한 권
의 책으로 탄생하기까지 전 과정을 함께하는 든든한 동반자 역
할을 하고 있다. 협회의 가장 큰 특징은 '원스톱 서비스One Stop
Service'라는 점이다. 글쓰기에 대한 두려움을 가진 시니어부터
이미 원고를 완성했지만 출간 과정이 막막한 분들까지 각자의
상황에 맞는 맞춤형 지원을 제공한다.

협회는 전문 AI 코치작가들을 연계해 개인의 글쓰기 수준과
목표에 따라 1대1 맞춤 코칭도 진행한다. '내 이야기가 과연 책
이 될 만한 가치가 있을까?' 하는 의구심부터 '어떤 에피소드를
어떤 순서로 배치해야 할까?' 하는 구체적인 기법까지 모든 과

정에서 전문가의 도움을 받을 수 있다. 특히 디지털 시대에 발맞춰 스마트폰 음성인식 기능을 활용한 글쓰기부터 AI 챗봇을 활용한 창작 지원까지 기술에 익숙하지 않은 시니어들도 쉽게 접근할 수 있도록 체계적인 교육 프로그램을 운영하고 있다.

말만 해도 글이 되고 사진을 찍기만 해도 문서가 되는 AI 기술의 놀라운 발전은 컴맹, 폰맹이라고 자칭하는 시니어들에게도 새로운 가능성을 열어주었다. 협회는 이런 기술을 누구나 쉽게 활용할 수 있도록 단계별 교육 과정을 제공한다. 챗GPT, 제미나이, 퍼플렉시티, 클로바X, 클로드 등 다양한 생성형 AI 도구 중에서 각자에게 맞는 것을 찾아 활용하는 방법도 친절하게 안내한다.

원고가 완성되면 협회는 출판사와의 연결고리 역할을 한다. 협회와 파트너십을 맺은 다양한 출판사 중에서 각 작품의 성격과 작가의 요구사항에 맞는 곳을 매칭해 준다. 또한 전문 디자이너들이 표지 디자인부터 내지 편집까지 책의 완성도를 높이는 작업을 함께 진행한다. 인쇄 출간과 전자책 출간을 동시에 지원하며 특히 시니어들이 선호하는 큰 글씨, 여유로운 여백 등을 고려한 가독성 높은 편집 서비스를 제공한다. 300페이지 내외의 신국판 구성을 기본으로 하되 작가의 의도와 내용량에 따라 유연하게 조정한다.

AI책쓰기코칭협회의 독특한 점은 단순히 책을 출간하는 것에서 끝나지 않는다. 출간된 자서전을 바탕으로 한 출판기념회를 기획하고 진행한다. 이것이 바로 '한국형 생전 장례식'과 연결된다. 출판기념회는 단순한 책 소개의 자리가 아닌 작가의 인생을 축하하고 감사를 나누는 특별한 장이 된다. 가족, 친지, 동료들이 모인 자리에서 작가는 자신의 삶을 정리하며 그동안 미처 전하지 못했던 마음을 나눈다. 협회는 이런 행사의 기획부터 진행까지 전담 팀을 운영하여 의미 있는 시간을 만들어간다.

협회의 또 다른 자랑은 활발한 작가 커뮤니티다. 자서전을 완성한 시니어 작가들이 모여 서로의 경험을 나누고 신규 회원들에게 조언을 제공하는 멘토 역할을 하고 있다. 정기적인 독서모임, 글쓰기 워크숍, 작가와의 만남 등을 통해 지속적인 문화적 교류가 이어진다. '1인 1책 쓰기 새마음 운동'의 일환으로 협회 회원들의 책은 도서관, 복지관, 실버타운 등에 기증되어 더 많은 시니어에게 영감을 주고 있다.

한 사람의 이야기가 다른 이들에게 용기가 되고 그 용기가 또 다른 책으로 탄생하는 선순환 구조를 만들어가고 있는 것이다. 김 할머니는 이제 자신의 자서전 『보리밥 한 그릇에 담긴 사랑』으로 출판기념회를 준비하고 있다. 그녀의 이야기를 듣고 용기를 얻은 또 다른 시니어들이 협회를 찾아오고 있다. AI책쓰기코칭협회는 단순한 서비스 제공기관을 넘어 시니어들의 삶의 가치를 재발견하고 후세대에게 전하는 소중한 문화 운동의 중심에 서 있다. 여러분의 인생 이야기도 이곳에서 아름다운 한 권의 책으로 꽃피우기를 기다리고 있다.

AI책쓰기코칭협회

　대한민국이 초고속으로 고령화 사회로 진입하면서 2024년 65세 이상 인구가 1,000만 명을 돌파했다. 고도성장기의 주역이었던 시니어들은 자신들의 소중한 경험과 노하우를 후세에 남기고 싶어하며 그중 하나가 바로 자서전이나 에세이 같은 책을 쓰는 것이다.

　하지만 현실은 녹록지 않다. 책을 쓰고 싶은 마음은 간절하지만 경험이 없고 컴맹, 폰맹인 경우가 많기 때문에 아예 도전하지 못하거나 비싼 돈을 주고 대필에 의존하는 경우가 대부분이다. 기존 방식으로 책을 출간하려면 최소 1,000만 원에서 대필의 경우 많게는 5,000만 원끼지의 비용이 들어가며 긴 시간과 복잡한 과정을 거쳐야 한다.

　AI책쓰기코칭협회는 바로 이런 문제를 해결하기 위해 탄생했다. 소설가, 수필가를 비롯한 책을 다수 출간 경험이 있는 작가, 디자이너 같은 전문가와 출판사 대표 등 50여 명으로 출범한 협회는 혁신적인 방법을 제시한다. 바로 AI를 활용해 누구나 쉽게 책을 쓸 수 있도록 돕는 것이다.

　특히 최근 GPT와 같은 인공지능 기술의 등장으로 책쓰기는 한층 더 혁신적으로 변화했다. 이제 폰맹이나 컴맹인 시니어분들도 걱정할 필요가 없다. GPT에게 대화하듯 말만 하면 글의 구성을 도와주고 어려운 표현을 쉽게 바꿔준다. 심지어 목차 구성부터 제목 정하기까지 친절하게 안내해 준다. 24시간 언제든 옆에서 도와주는 개인 비서가 생긴 셈이다. 이런 방법을 활용하면 기존 비용과 시간을 3분의 1로 줄일 수 있다.

AI책쓰기코칭협회는 개인의 수준에 맞는 맞춤형 코칭을 제공한다. 이미 원고가 어느 정도 준비된 분들에게는 3개월 과정을, 처음부터 시작하는 분들에게는 12개월 원스톱 서비스를 제공한다. 또한 여러 명이 함께 배우는 집단 코칭과 스마트폰 및 AI 활용법을 집중적으로 배우는 교육 과정도 운영한다.

시니어 작가들의 감동적인 성공 사례와 노하우

이미 자서전을 완성한 선배들의 이야기를 들어보면 큰 용기와 영감을 얻을 수 있다. 각자 다른 환경과 조건에서도 포기하지 않고 끝까지 완주한 분들의 경험은 다른 시니어들에게 소중한 길잡이가 된다.

김영수 저자는 78세의 나이에 처음으로 컴퓨터를 배우기 시작했다. "손자가 쓰는 걸 보니까 신기하더라고. 나도 한번 해볼까 싶었지." 처음에는 키보드 자판을 찾는 것도 어려웠지만 매일 한 시간씩 연습했다. 6개월 후에는 음성 인식 기능을 활용해서 자서전 쓰기를 시작했다. 말로만 하면 글자가 나타나니까 정말 신기했고 마법 같았다고 실토했다.

김 저자는 일제강점기 농촌에서 태어나 한국전쟁을 겪고 산업화 시대에 도시로 나와 공장에서 평생을 일한 경험을 담은 자서전 『보릿고개를 넘어서』를 완성했다. 처음에는 당신의 이야기가 뭐 그리 대단하다고 책을 내나 싶었는데 다 쓰고 나니까 뿌듯하다고 했다. 손자들이 당신의 이야기를 읽고 눈물을 흘리는 걸 보니까 정말 잘했다는 생각이 절로 든다며 고마워했다.

박순자 관장님은 87세의 나이에 시력이 많이 나빠진 상태였다. 하지만 자서전에 대한 열망만은 누구보다 강했다. 당신이 겪은 일들을 꼭 남기고 싶어 했다. 특히 일제강점기 때 정신대로 끌려갈 뻔한 이야기, 해방 후 고아원에서 아이들을 돌본 이야기들을 꼭 기록하고 싶다고 했다.

박 관장님은 AI의 음성 인식 기능과 텍스트 읽어주기 기능을 활용했다. 말로 하면 글자가 되고 쓴 글을 다시 읽어주는 기능 덕분에 시력이 좋지 않아도 글쓰기가 가능했다. 박 관장님은 정말 좋은 세상이라며, 눈이 보이지 않아도 글을 쓸 수 있다니 얼마나 큰 천운인지 하시며 기쁨의 눈물을 흘리셨다.

8개월 만에 완성한 자서전 『아픔을 딛고 피어난 꽃』은 지역 도서관에 기증되어 많은 사람들이 읽게 되었다. 당신의 이야기가 다른 사람들에게 도움이 된다니까 정말 기쁘다며 감격에 찬 얼굴이었다.

퇴직한 교사 이철수 선생님은 75세에 자서전뿐만 아니라 교육 에세이까지 동시에 진행했다. 40년간 교직에 있었는데 그동안의 경험을 꼭 후배 교사들에게 전하고 싶었다며 희망을 품었다.

이 선생님은 챗GPT와 클로드를 번갈아 가며 활용하는 독특한 방법을 이용했다. 같은 질문을 두 개의 AI에게 해보고 더 좋은 답변을 선택해서 썼다. 그러다 보니 더 완성도 높은 글이 나오는 걸 알았다. AI는 아는 것보다 얼마큼 이용해 봤느냐가 관건이다.

6개월 만에 자서전 『교단에서 배운 인생』과 교육 에세이 『아이들이 가르쳐준 것들』을 동시에 완성했다. 두 책 모두 POD 출판을 해 필요한 사람들에게 나눠주고 있다.

80세 최명순 권사님은 부모님을 공경하고 평생을 자식을 기르며 열심히 살았다. 개인 이야기보다는 가족 전체의 역사를 정리하고 싶었다. 당신 집안이 조선 말기부터 어떻게 살아왔는지, 일제강점기에 어떤 일들이 있었는지, 이런 이야기들이 사라지면 안 된다고 생각해 조바심이 생겼다.

최 권사님은 족보, 옛날 사진, 가족들의 증언을 종합해서 5대에 걸친 가족사 『뿌리 깊은 나무』를 완성했다. AI한테 조선 말기 양반 가문의 생활상을 자세히 설명해 달라고 물어보니까 정말 자세하게 알려주더라. 그걸 바탕으로 집안 이야기를 더 풍부하게 쓸 수 있었다고 했다.

완성된 책은 가족 모든 구성원에게 배포되었다. 매년 제사 때마다 함께 읽으며 조상들을 기리는 시간을 갖고 있다.

이런 성공 사례의 공통점은 포기하지 않는 의지와 새로운 기술에 대한 열린 마음이다. 나이가 많다고 기술을 잘 모른다고 포기하지 않고 한 걸음씩 나아간 결과다.

1인 1책 쓰기 새마음 운동

"모든 사람에게는 적어도 한 권의 책이 들어있다." 미국 작가 윌리엄 포크너의 이 말을 들을 때마다 가슴이 뛴다. 정말 그럴까? 평범한 삶 속에도 책 한 권만큼의 이야기가 숨어있을까?

디지털책쓰기 9대학에서 만난 90세 김숙희 저자의 이야기가 그 답을 주었다. 그분은 6·25 전쟁 때 피난길에서 가족을 잃고 혼자 살아남은 경험을 가지고 있었다. 당신 이야기가 뭐 특별한 게 있겠느냐라고 겸손하게 말씀하시지만 막상 이야기를 들어보니 그 어떤 소설보다 감동적이었다. 1년에 걸쳐 자신의 이야기를 녹음하고 AI코칭작가의 도움을 받아 『전쟁 속에서 피어난 희망』이라는 책을 완성했다.

책이 나온 후 김 저자의 변화는 놀라웠다. 믿어지지 않지만 내가 작가가 됐다며 환하게 웃으시는 모습에서 새로운 생명력이 느껴졌다. 무엇보다 손자, 손녀들이 할머니를 다시 보기 시작했다는 점이 가장 큰 변화였다. 할머니가 이런 분이셨구나라며 존경의 눈빛으로 바라보는 가족들을 보며 김 저자는 이제야 진짜 할머니가 된 것 같다고 말씀하셨다.

이것이 바로 '1인 1책 쓰기 새마음 운동'이 꿈꾸는 모습이다. 모두가 자신만의 책을 한 권씩 갖자는 이 운동은 단순한 취미 활동이 아니다. 개인의 존재를 확인하고 삶의 가치를 재발견하며 세대 간 소통의 다리를 놓는 의미 있는 문화 운동이다. "글쓰기는 생각을 명확하게 하는 가장 좋은 방법이다"라고 한 헤밍웨이의 말처럼 자신의 인생을 글로 정리하는 과정에서 시니어들은 삶의 의미를 새롭게 발견한다.

충남 태안의 86세 김영태 저자는 고난과 역경을 이겨내고 염전의 일개 사환에서 대한염업주식회사의 이사가 된 소금 장인의 삶을 기록한 책을 세상에 내놓았다. 안면도에 있는 염전에서 잔심부름만 하던 열여섯 살 어린 소년이 천일염을 만들어 내는 소금 장인이 되기까지의 소금과 함께한 40년 인생 이야기를 『소금꽃으로 피어나다』라는 책으로 발간해 생전 장례식 겸 출판 기념회까지 했다.

요즘 AI 기술의 발달로 책쓰기가 한결 쉬워졌다. GPT와 같은 인공지능의 도움을 받으면 '컴맹', '폰맹'인 시니어도 충분히 자신만의 책을 만들 수 있다. 말로만 해도 글이 되고 사진만 찍어도 문서가 되는 시대다. 기술이 어려워서 포기할 이유가 더는 없다.

"책은 시간을 초월하는 대화다"라는 말이 있다. 정말 그렇다.

시니어들이 쓴 책은 과거와 현재를 잇는 다리 역할을 한다. 격동의 시대를 살아온 그들의 경험담은 후세대에게는 살아있는 역사 교육이 되고 인생의 지혜가 된다.

'1인 1책 쓰기 새마음 운동'이 전국적으로 확산되면 어떤 일이 일어날까? 우선 개인적으로는 시니어들의 자존감과 성취감이 크게 향상될 것이다. 나도 뭔가 남길 수 있구나라는 깨달음은 노년의 삶에 새로운 활력을 불어넣는다. 사회적으로는 수많은 개인사가 모여 사회 전체의 소중한 문화유산이 될 것이다.

무엇보다 이 운동의 궁극적 목표는 '살아서 하는 미리 장례식'의 활성화다. 자신의 인생 이야기를 담은 책을 중심으로 한 출판기념회는 그 자체로 의미 있는 생전 장례식이 된다. 죽음을 기다리며 슬퍼하지 말고 살아있는 지금 당장 자신의 인생을 축하하고 감사하는 자리 말이다.

경기도 수원의 한 문화센터에서는 매월 '나의 책 발표회'를 연다고 한다. 회원들이 돌아가며 자신이 쓴 책을 소개하고 함께 박수를 쳐주며 축하하는 시간이다. 참가자들은 발표회를 통해 자신이 성장하고 함께 나눌 기쁨이 있는 줄 몰랐다며 입을 모은다.

책을 쓴다는 것은 영혼을 종이에 쏟아내는 일이다라는 어느 작가의 말처럼 자서전을 쓰는 과정은 단순한 기록이 아니라 영혼의 정화 과정이다. 지난날의 상처를 치유하고 감사할 일들을 되새기며 앞으로의 삶에 대한 희망을 품게 된다.

중요한 것은 시작하는 것이다. 완벽하지 않아도 괜찮다. 서툴러도 괜찮다. 문장이 어색해도 괜찮다. 여러분의 진솔한 이야기가 누군가에게는 감동이 되고 위로가 되고 희망이 될 것이다.

1인 1책 쓰기 새마음 운동. 이제는 개인의 도전을 넘어서 사회 전체의 운동으로 확산시켜야 할 때다. 여러분의 소중한 인생 이야기가 책으로 완성되기를 기대한다. 그리고 그 책을 중심으로 한 따뜻하고 의미 있는 생전 장례식이 열리기를 바란다. 죽음을 기다리지 말고 살아 있는 지금 당장 여러분의 인생을 축하하자. 그것이 바로 진정한 웰다잉이고 웰에이징이다.

AI책쓰기코칭협회 안내

스티브 잡스가 매일 아침 거울을 보며 던졌다는 질문이 있습니다. "오늘이 내 인생의 마지막 날이라면 오늘 하려는 일을 정말로 하고 싶은가?" 이는 단순한 자문이 아니라 삶의 우선순위를 재정립하는 강력한 도구입니다. 이 책을 마무리하며 독자 여러분께 같은 질문을 던지고 싶습니다. 만약 오늘이 마지막이라면 여러분은 무엇을 하고 싶으십니까? 누구에게 감사하다고 말하고 싶으십니까? 어떤 이야기를 남기고 싶으십니까?

수년간 AI책쓰기코칭협회의 AI책쓰기 85여 회 세미나 과정에서 만난 수많은 시니어의 모습이 떠오릅니다. 처음에는 "내가 무슨 책을 쓰겠냐"라며 겸손해하시던 분들이 6개월 후 자신만의 책을 들고 환하게 웃으시는 모습을 보며 저는 확신했습니다. 모든 사람에게는 적어도 한 권의 책이 들어있다는 것을.

78세에 컴퓨터를 처음 배워 자서전을 완성하신 조현옥 여사, 87세의 연세에도 AI를 배워 작가의 도움을 받지 않고 직접 책을 쓰신 현명관 회장님, 게다가 출간 후에 출간기념회 겸 생전 장례식까지 치르시겠다는 각오, 퇴직 후 40년 교직 경험을 담은 교육 에세이를 펴내신 86세의 한송지 선생님…. 이분들의 공통점은 '포기하지 않는 의지'와 '새로운 기술에 대한 호기심'이었습니다.

100세 시대를 살아가는 지금, 70세도 80세도 여전히 새로운 시작이 가능한 나이입니다. 죽음을 준비한다는 것은 단순히 유언장을 쓰거나 묫자리를 정하는 것이 아닙니다. 자신의 삶을 정리하고 감사할 사람들에게 고마움을 전하며 나누고 싶은 이야기를 나누는 것입니다.

미리 장례식, 즉 자서전 출판기념회는 이 모든 것을 가능하게 하는 아름다운 장치입니다. 관 속에 누워 아무 말도 할 수 없는 전통적 장례식과는 달리 살아서 직접 사랑하는 사람들과 마지막 인사를 나누고 감시의 마음을 전할 수 있습니다.

이 책이 나오기까지 6년여의 진통이 있었습니다. 집필할 자료를 모으고 이 책에 실린 죽음 관련 장소에 직접 방문하는 등 놀이처럼 즐겼습니다. Death Tech 시대, 이제 많은 분들의 죽음에 대한 태도가 달라지고 있습니다. 미국, 일본, 유럽 등 선진 각국의 생전 장례식의 모습을 보고 들으며 우리도 그 문제를 도외시할 수 없다는 생각이 들었습니다.

한국형 생전 장례식은 단순한 제안이 아닙니다. 새로운 문화이자 다음 세대에게 물려줄 소중한 유산입니다. 죽음을 터부시하고 회피하는 문화에서 벗어나 자연스럽게 받아들이고 준비하는 성숙한 사회로 나아가는 첫걸음입니다. '1인 1책 쓰기 새마음 운동'이 전국적으로 확산되어 모든 시니어가 자신만의 책을 갖게 되기를 꿈꿉니다. 책을 중심으로 한 따뜻하고 의미 있는 출판기념회가 열리기를 바랍니다. 눈물이 아닌 웃음으로, 슬픔이 아닌 감사로 채워진 아름다운 작별의 시간 말입니다.

이 책을 덮고 나면 곧바로 실천해 주세요. 스마트폰이나 GPT를 열고 마이크 버튼을 누른 후 이렇게 말해보세요. "나는 ○○년 ○○에서 태어났다…." 바로 이것이 여러분 자서전의 첫 문장이 될 것입니다.

죽음은 끝이 아닙니다. 새로운 시작입니다. 여러분의 이야기는 책으로 남아 영원히 사랑하는 사람들과 함께할 것입니다. 그것이 바로 세상에서 가장 아름다운 이별의 완성입니다. 지금 시작하세요. 내일은 너무 늦을지도 모릅니다. "안녕히 가세요"가 아니라 "고맙습니다"라고 말할 수 있는 그날까지.